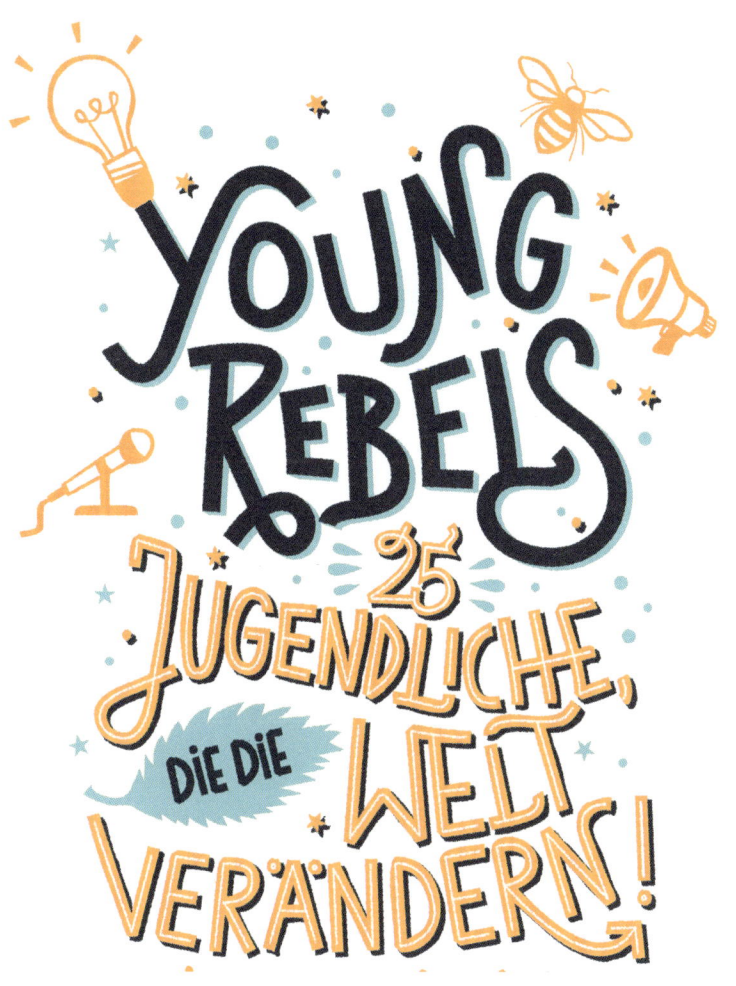

BENJAMIN KNÖDLER | CHRISTINE KNÖDLER

ILLUSTRIERT VON FELICITAS HORSTSCHÄFER

Carl Hanser Verlag

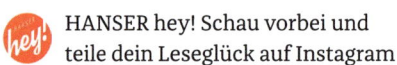 HANSER hey! Schau vorbei und teile dein Leseglück auf Instagram

www.young-rebels-buch.de

4. Auflage 2022

ISBN 978-3-446-26440-7
© 2020 Carl Hanser Verlag GmbH & Co. KG, München
Umschlaggestaltung: Felicitas Horstschäfer | Satz im Verlag
Druck und Bindung: Gugler GmbH, Melk/Donau, Österreich | Printed in Austria

Für Magdalena und Matteo
und für Hattie

B. K. | C. K.

INHALT

VORWORT 9
LOUIS BRAILLE | FRANKREICH | Erfinder der Blindenschrift 12
GRETA THUNBERG | SCHWEDEN | Klima-Aktivistin 18
EMMA GONZÁLES | USA | Aktivistin für strengere Waffengesetze 26
CLAUDETTE COLVIN | USA | Bürgerrechts-Aktivistin 32
KELVIN DOE | SIERRA LEONE | Erfinder, Ingenieur und DJ 40
AMIKA GEORGE | GROSSBRITANNIEN | Frauenrechts-Aktivistin 46
XIUHTEZCATL MARTINEZ | USA | Umwelt-Aktivist 52
MALALA YOUSAFZAI | PAKISTAN | Bildungs-Aktivistin 60
BOYAN SLAT | NIEDERLANDE | Umwelt-Aktivist und Erfinder 68
ELYSE FOX | USA | Aktivistin für psychische Gesundheit 76
NETIWIT CHOTIPHATPHAISAL | THAILAND | Aktivist für Demokratie, und Verleger 82
MIKAILA ULMER | USA | Umwelt-Aktivistin und Unternehmerin 88
LEGALLY BLACK | GROSSBRITANNIEN | Aktivist*innen für eine bessere Sichtbarkeit von »People Of Color« 96
GAVIN GRIMM | USA | Transgender-Aktivist 102
UMAZI MUSIMBI MVURYA | KENIA | Friedens-Aktivistin 110
FELIX FINKBEINER | DEUTSCHLAND | Klima-Aktivist 116
KAROLÍNA FARSKÁ | SLOWAKEI | Aktivistin gegen Korruption 124
SOLLI RAPHAEL | AUSTRALIEN | Poetry-Slammer für soziale Gerechtigkeit und Umweltschutz 130
RAYOUF ALHUMEDHI | SAUDI-ARABIEN | setzte ein Emoji mit Hidschab durch 136
HAILEY FORT | USA | setzt sich für Obdachlose ein 142
JOSHUA WONG | HONGKONG | Aktivist für Demokratie 148
JULIA BLUHM | USA | Body-Image-Aktivistin 154
JAKOB SPRINGFELD | DEUTSCHLAND | Aktivist für Klimaschutz und gegen Rechts 160
PUSSY RIOT | RUSSLAND | Feministische, regierungs- und kirchenkritische Punkrock-Band 168
BARNEY MOKGATLE, TSIETSI MASHININI, SELBY SEMELA | SÜDAFRIKA | Anti-Apartheid-Aktivisten 176
GLOSSAR 184
QUELLENVERZEICHNIS 188

VORWORT

Eigentlich ist die Welt so schön. Eigentlich und für viele von uns. Aber nicht überall, nicht für alle und nicht zu allen Zeiten. Auch ihr wisst sicher von den Schattenseiten, von Umweltzerstörung, Rassismus, Armut, Angst, Gewalt und dem Gegenteil von Freiheit. Das alles gibt es – doch zum Glück gibt es auch Kinder und Jugendliche in aller Welt, die sich damit nicht abfinden, sondern etwas tun. Ihr Mut ermutigt, ihre Hoffnung macht Hoffnung, ihr Handeln ist zukunftsweisend.

Das war der Ausgangspunkt, als wir im Sommer 2019 gefragt wurden, ob wir ein Buch schreiben wollten:

»YOUNG REBELS – 25 Jugendliche, die die Welt verändern!«

Und ob wir wollten! Was es bereits gab, war eine Liste mit knapp 30 Namen. Einige davon sind heute weltberühmt, andere kannten wir noch nicht, manche fielen aus, weil es zu wenig nachvollziehbare Quellen und überprüfbare Fakten gab, wieder andere kamen hinzu: Wir haben selbst weitergesucht und noch mehr Kinder und Jugendliche gefunden, deren Engagement überaus beeindruckend ist.

Bei ihnen allen wollten wir herausfinden, was sie antreibt und was sie überhaupt dazu gebracht hat, sich einzumischen – und zwar oft gegen alle vermeintliche Vernunft und gegen die Verantwortungslosigkeit vieler Erwachsener. Direkt sprechen konnten wir leider nur mit wenigen, dafür waren die meisten zu weit weg und die Zeit zu knapp. Um uns ein Bild machen zu können, haben wir Interviews, Artikel und Bücher gelesen, uns Videos ihrer Reden angeschaut und im Netz und in den Sozialen Medien recherchiert: Mal lag der Protest im wahrsten Sinne des Wortes in der Luft, mal war es der berühmte Tropfen, der das Fass zum Überlaufen gebracht und aus ganz normalen Kindern und Jugendlichen »Young Rebels« gemacht hat. Oder es war die eigene Betroffenheit, denn nicht immer suchten sie sich freiwillig aus, wofür sie eintraten.

Das, was die 25 Kinder und Jugendlichen, die jetzt in diesem Buch versammelt sind, eint, ist, dass sie die Missstände, die ihnen begegneten, anpackten – unabhängig davon, ob das im Großen oder im Kleinen geschah, ob am Ende eine globale Bewegung oder die konkrete Verbesserung der Situation vor Ort herauskam. Oft ging es ihnen nicht darum, das politische System oder das Wirtschaftssystem in ihrem jeweiligen Land zu verändern, sondern darum, Wandel in Gang zu setzen: für mehr Freiheit, mehr Gerechtigkeit, mehr Gleichheit, mehr Frieden, für mehr Umweltschutz, mehr Demokratie, mehr Menschlichkeit.

Die Jüngste war vier Jahre, als sie anfing, etwas zu verändern, die Älteste 26 – jung waren sie alle, allein geblieben sind sie nicht. Schließlich erzählen die Geschichten der »Young Rebels« immer auch von Menschen, die sich vom Enthusiasmus und den Überzeugungen anstecken ließen: Mitschüler*innen, Freund*innen, die Familie – oder Unbekannte, die dann zu Mitstreiter*innen wurden.

Diese Geschichten haben wir aufgeschrieben. Das hat uns verändert. Die »Young Rebels« sind für uns zu einer Art moralischem Kompass geworden. Sie lehren Toleranz und Solidarität, sie machen vor, was es heißt, zusammenzuhalten und sich nicht beirren zu lassen. Sie sind für uns Vorbilder geworden.

Aus dieser Erfahrung heraus und aus der Perspektive zweier Generationen, nämlich der von Mutter und Sohn, ist nun ein Buch geworden. Das zeigt, wie die Welt ist und wie sie sein kann.

Und so geht unser Dank an die »Young Rebels« von gestern, von heute und von morgen. Ihnen ist

»YOUNG REBELS – 25 Jugendliche, die die Welt verändern!«

gewidmet – und natürlich den Leser*innen. Möge es euch mit Ideen anstecken, Widerspruchsgeist wecken und euch ermutigen, weiter zu fragen, zu denken und womöglich zu handeln.
  Denn wir alle können dazu beitragen, dass die Welt ein schönerer Ort ist.

Berlin und München, Januar 2020
Benjamin Knödler & Christine Knödler

LOUIS BRAILLE
ERFINDER DER BLINDENSCHRIFT

>> Wir brauchen weder Mitleid, noch müssen wir daran erinnert werden, dass wir verwundbar sind. Wir müssen als Gleiche behandelt werden – und Kommunikation ist der Weg, wie das erreicht werden kann.[1] <<

Wenn man nicht darauf achtet, fallen einem die kleinen, von der Oberfläche abgehobenen Punkte gar nicht auf. Doch für blinde Menschen oder Menschen mit Sehbehinderung ist die Blindenschrift auf Arzneimittelpackungen, Knöpfen von Fahrstühlen oder an Treppengeländern bei Bahnstationen wichtig, um sich im Alltag zurechtzufinden – auf dem Weg zur Arbeit oder zur Schule, zum Arzt oder zu einem Abend mit Freund*innen. Die Schrift baut Barrieren ab, und dass es sie heute gibt, ist dem Einsatz und der Hartnäckigkeit eines Schülers zu verdanken. Seine Geschichte beginnt im Jahr 1812, und sie beginnt mit einem Unfall.

Eigentlich durfte Louis Braille nicht allein in die Werkstatt seines Vaters im Örtchen Coupvray, östlich von Paris. Das Verbot seiner Eltern war eine Vorsichtsmaßnahme, denn Louis' Vater war Sattler, stellte unter anderem Pferdesattel her und arbeitete viel mit Leder. Deshalb hatte er in seiner Werkstatt viele spitze und scharfe Gegenstände. Der kleine Louis spielte damit, rutschte ab – und rammte sich eine Ahle, eines dieser spitzen Werkzeuge, ins Auge. Drei Jahre war er damals, und obwohl sein Auge von einem Arzt versorgt wurde, konnte es nicht mehr gerettet werden. Schlimmer noch: Die Entzündung des verletzten Auges griff auch auf sein unverletztes Auge über. Mit fünf Jahren war Louis komplett erblindet.

Von da an hätte sein Leben ein Leben voller Einschränkungen sein können, voller Grenzen, an die ein blinder Junge im 19. Jahrhundert stieß. Denn die Gesellschaft war zu dieser Zeit nicht offen gegenüber Menschen mit Behinderung. Wer blind war, hatte es schwer. Erblindete Menschen lebten oft in Armut und mussten sich als Bettler*innen durchschlagen, von einer Ausbildung oder einem Studium ganz zu schweigen. Doch Louis' Eltern wollten nicht, dass ihr Sohn an den Rand der Gesellschaft gedrängt wurde. Sie behandelten ihn einfach ganz normal. Natürlich, fanden sie, sollte er seiner Mutter zu Hause und seinem Vater in der Werkstatt zur Hand gehen. Und wer sagte, dass er sich nicht auch draußen allein bewegen konnte? Von seinem Vater bekam er einen Blindenstock, mit dem er herumspazierte: Überall dort, wo die Gegebenheiten oder die Gesellschaft einen blinden Menschen hätte behindern können, lernte Louis, Hindernisse zu überwinden. Das galt auch für die Schule. Seine Eltern schickten ihn auf die Dorfschule. Sein Vater hämmerte die Buchstaben des Alphabets mit Nägeln in Holzstücke, sodass Louis lernen konnte, sie zu ertasten.

Louis war ein sehr guter Schüler. Und so durfte er nach der Grundschule eine Blindenschule in Paris besuchen. Der Leiter der Schule hatte ein eigenes System entwickelt: Er prägte die Buchstaben in besonders dickes Papier, sodass die blinden Kinder und Jugendlichen die Worte ertasten konnten. Doch das war für die Schüler*innen nicht optimal. Die Buchstaben zu ertasten war schwierig, vor allem waren die Bücher viel zu schwer und unhandlich. Der Unterricht beruhte deshalb vor allem auf Zuhören. Selbst zu lesen und zu lernen war kaum drin.

Das muss doch besser gehen, dachte Louis, und tatsächlich fand er schon bald eine Möglichkeit, die es blinden Menschen erleichterte, zu lesen und zu schreiben.

Mit elf Jahren wurde er auf die sogenannte »Nachtschrift« aufmerksam. Die hatte ein Hauptmann der französischen Armee entwickelt. Sie bestand aus zwölf Punkten, die sich etwas vom Papier abhoben. Die Schrift war erfunden worden, damit Soldaten Botschaften in der Dunkelheit weitergeben konnten, ohne sich durch Licht oder Flüstern zu erkennen zu geben. Wäre das nicht auch für blinde Menschen sinnvoll?

In der Theorie mochte das stimmen, in der Praxis gab es ein Problem: Zwölf Punkte zu ertasten und sich einen Reim darauf zu machen war ganz schön kompliziert. Die anderen Schüler*innen befassten sich darum nicht weiter damit – bei Louis hingegen bewirkte es genau das Gegenteil. Er vertiefte sich in das Thema und begann, die »Nachtschrift« weiterzuentwickeln.

Tagsüber besuchte der Musterschüler den Unterricht, nachts arbeitete er an seiner Blindenschrift. Mitunter schlief er kaum mehr als zwei Stunden.

1825 hatte Louis es geschafft. Der 16-Jährige hatte eine Schrift entwickelt, die seinen Vorstellungen entsprach. Insgesamt brauchte es nicht mehr als sechs Punkte, jeweils drei übereinander in zwei Reihen, so wie die Sechs bei einem Würfel. Je nach Anordnung – also je nachdem, welche Punkte zu ertasten waren und welche nicht – standen sie für einen Buchstaben oder eine Ziffer und ließen sich mit den Fingerspitzen gut erfassen.

Was für ein Durchbruch! Die von Louis entwickelte Schrift eröffnete völlig neue Möglichkeiten für blinde Menschen. Auf einmal war alles auch für sie lesbar. Außerdem konnten sie nun viel leichter schreiben. Die Mitschüler*innen von Louis waren begeistert. Trotzdem dauerte es noch, bis die Schrift sich durchsetzte.

An der Schule war sie zunächst verboten. Der neue Direktor der Schule, an der Louis nach seinem Abschluss selbst als Lehrer unterrichtete, wollte keine unterschiedlichen Schriften für Sehende und für Blinde.

Doch Louis ließ sich nicht entmutigen. Als Lehrer entwickelte er seine Schrift weiter und erfand ein System, das es blinden Menschen sogar ermöglichte, Noten zu lesen. Louis selbst war ein begeisterter und begabter Musiker. Er spielte Cello, später wurde er professioneller Organist. Er lebte das weiter, was ihm seine Eltern mitgegeben hatten: Dass er erblindet war, sollte ihn nicht daran hindern, sein Leben so zu leben, wie er es wollte.

Am Ende setzte sich die Schrift, die ein Schüler erfunden hatte, durch. Louis erlebte den internationalen Siegeszug allerdings nicht mehr. Er starb 1852 zwei Tage nach seinem 43. Geburtstag an Tuberkulose.

Doch seine Schrift lebte fort. 1878 wurde sie offiziell als internationale Blindenschrift anerkannt. Weitere Erfindungen folgten, wie etwa eine Punktschreibmaschine Anfang des 20. Jahrhunderts. Heute kann man sogar ein spezielles Gerät an Computer anschließen, das Texte im Internet für blinde Menschen lesbar macht.

1952, 100 Jahre nach Louis' Tod, wurde sein Lebenswerk besonders geehrt. Er erhielt seine letzte Ruhestätte im Panthéon in Paris – dort, wo Frankreichs

---

LOUIS BRAILLE (1809–1852) war drei Jahre alt, als er sich in der Werkstatt seines Vaters am Auge verletzte. Mit fünf Jahren war er komplett erblindet. Weil die Blindenschrift, die er in der Schule lernte, nicht wirklich anwendbar war, entwickelte er schon zu Schulzeiten eine eigene Schrift, die nach ihm benannt wurde. Bis heute ermöglicht sie vielen blinden Menschen das Lesen.

große Persönlichkeiten begraben sind. Bei seinem letzten Geleit folgte dem Sarg eine Prozession blinder Menschen.

Die Hartnäckigkeit und die Willenskraft eines Schülers sind der Grund dafür, dass blinde Menschen heute Bücher und Zeitungen lesen und am gesellschaftlichen Leben teilhaben können. Als Gleiche – so wie Louis es sich erhofft hatte.

»Wir Blinden«, bekannte die taubblinde Autorin Helen Keller 1952, »verdanken Louis Braille ebenso viel wie die gesamte Menschheit Gutenberg.«[2]

Und der hat immerhin den Buchdruck erfunden.

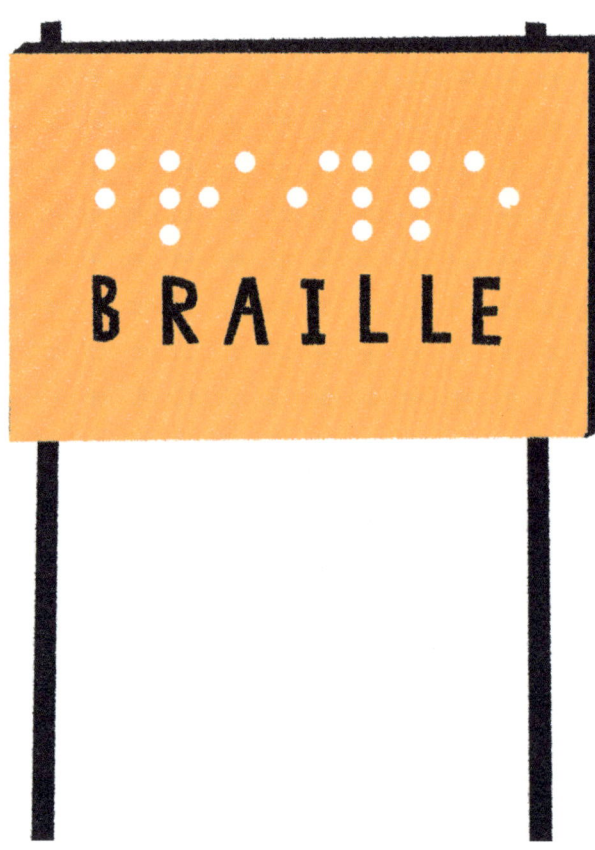

GRETA THUNBERG
KLIMA-AKTIVISTIN

>> Das ist die größte Krise, in der sich die Menschheit je befunden hat. Zuerst müssen wir dies erkennen und dann so schnell wie möglich etwas tun und versuchen, das zu retten, was noch zu retten ist.[3] <<

Vielleicht gehört es zu einem Leben wie dem von Greta Thunberg dazu, dass irgendwann der Tag kommt, an dem man weiß: Jetzt ist es genug. Jetzt reicht es. Jetzt muss sich etwas ändern. Jetzt.

Für Greta ist dieser Tag der 20. August 2018. Sie ist zu diesem Zeitpunkt 15 Jahre alt. Sie hat ein weißes Schild gebastelt und gerade mal drei Worte darauf geschrieben: »Skolstrejk för klimatet«. »Schulstreik für das Klima«.

Es ist dieser extrem heiße, dürre Sommer. Greta nimmt ihr Schild und stellt sich vor das schwedische Parlament in Stockholm, statt wie sonst zur Schule zu gehen. Es sind noch drei Wochen, bis am 9. September in Schweden gewählt wird. Bis dahin protestiert sie jeden Tag, danach einmal in der Woche – dies wird der Beginn der »Fridays for Future«. Denn es muss sich etwas ändern. Jetzt.

In der Schule hatte Greta zum ersten Mal vom Klimawandel gehört. Da war sie acht Jahre alt. Sie erfuhr, dass das Verhalten der Menschen dazu führt, dass die Erde sich erwärmt, die Polkappen schmelzen und der Meeresspiegel steigt. Das war lebensgefährlich. Trotzdem unternahm niemand etwas dagegen, jedenfalls nicht so richtig.

Greta verstand das nicht. Sie begann, sich zu informieren. Sie las Artikel um Artikel, Buch um Buch, sie studierte Statistiken, schaute sich Filme an, recherchierte im Internet. Sie erfuhr, dass es Überschwemmungen geben würde, schwere Unwetter, unbändige Stürme, Waldbrände und Dürren. Es würde Hungersnöte geben. Irgendwann würde kein Mensch mehr auf der Erde leben können.

Irgendwann war gar nicht mehr so weit weg.

Diese Erkenntnis machte Greta depressiv. Sie fürchtete um die Zukunft des Planeten und um ihre eigene Zukunft. Greta stellte das Reden ein, verließ kaum noch das Haus und aß immer weniger.

In der Schule war sie schon immer die Außenseiterin, eine, die die anderen nicht verstehen und auch nicht richtig leiden konnten. Im Klassenzimmer saß sie allein in der letzten Reihe. Sie fühlte sich, als sei sie unsichtbar.

Nun fingen ihre Mitschüler*innen an, sie regelrecht zu mobben. Greta wurde immer einsamer, es ging ihr zunehmend schlechter. Ihre Eltern, die Opernsängerin Malena Ernman und der Schauspieler Svante Thunberg, machten sich große Sorgen. Die beiden rannten mit ihr von Arzt zu Arzt, um endlich herauszufinden, was los war mit ihrer älteren Tochter. Die Diagnose lautete schließlich: Asperger Syndrom, eine Form des Autismus. Im Februar 2019 sagte Greta in einem Interview:

»Ohne Asperger wäre das hier nicht möglich.«[4]

Mit »Das hier« meinte sie, dass sie nicht länger wegschaute, sich nicht länger vertrösten ließ. Mit »Das hier« meinte sie, dass sie selbst aktiv wurde und sich durch nichts und niemanden davon abhalten ließ. Mit kleinen Schritten fing Greta an. Weil sie inzwischen wusste, wie schlecht es der Umwelt geht, und weil sie dieses Wissen nicht einfach ausknipsen konnte wie eine Lampe, schaltete sie zu Hause das Licht aus, wann immer es ging, um Strom zu sparen. Sie begann, sich vegan zu ernähren, ging nicht mehr sinnlos shoppen, sondern fragte sich genau, was sie brauchte. Greta tauschte sich mit Klimaforscher*innen aus und wurde selbst zur Expertin. Sie weigerte sich, ein Flugzeug zu benutzen. Sie brachte ihre Eltern und ihre jüngere Schwester dazu, sich ihrer nachhaltigen Lebensweise anzuschließen. Was sie im Kleinen, in ihrer Familie, geschafft hatte, wollte Greta auch im Großen verändern. Sonst, sagte sie, könne sie nachts nicht mehr schlafen.

Darum stellte Greta sich Freitag für Freitag mit ihrem Schild vor das schwedische Parlament in Stockholm. Unerschütterlich. Ungerührt. So sah es zumindest aus. Ganz sicher war sie wild entschlossen:

»Da niemand sonst etwas tut, habe ich das Gefühl, das hier tun zu müssen.«[5]

Es hatte etwas von Notwehr. So begann ihr Kampf gegen Klimaausbeutung und Ignoranz für eine Zukunft mit Zukunft.

Erst stand Greta allein auf dem Platz im Herzen Stockholms, dann stellten sich andere Schüler*innen zu ihr und streikten mit. Mit ihrer Konsequenz und Kompromisslosigkeit inspirierte und aktivierte Greta eine ganze Generation weltweit. Ihre Generation. Wo auch immer Jugendliche nach der Initialzündung für ihre Proteste gefragt wurden, fiel Gretas Name. In Australien, Belgien, Deutschland, Kanada, der Schweiz, sogar in Ländern wie Polen und Russland, in denen Klimakrise und Umweltschutz in der Öffentlichkeit bislang kaum eine Rolle gespielt hatten, wurde Greta zur Symbolfigur der »Fridays for Future«-Bewegung. Inzwischen demonstrierten weltweit Millionen Menschen.

Zugleich legte Greta sich mit den Mächtigen der Welt an. Die Erwachsenen, fand sie, haben versagt. Sie sind verantwortungslos und feige. Sie sind nicht vernünftig, sondern maßlos. Auch den Politiker*innen, auch denen, die an den Schalthebeln sitzen, geht es vor allem um die eigenen Vorteile, darum, ihren Luxus zu erhalten, ihren Reichtum zu vermehren, ihre Macht. Ganz egal, wohin das führt.

Im Dezember 2018 reiste Greta zur 24. UN-Klimakonferenz nach Katowice in Polen. Sie sprach mit UN-Generalsekretär António Guterres. Sie hielt eine Rede. Sie las den Erwachsenen die Leviten:

»Mein Name ist Greta Thunberg. Ich bin 15 Jahre alt und komme aus Schweden. Ich spreche im Auftrag von »Climate Justice Now«. Viele Menschen glauben, dass Schweden nur ein kleines Land ist und es nicht wichtig sei, was wir tun. Ich aber habe gelernt, dass man niemals zu klein ist, um einen großen Unterschied machen zu können. Wenn ein paar Kinder es schaffen, Schlagzeilen auf der ganzen Welt zu bekommen, indem sie einfach nicht zur Schule gehen, dann stellen Sie sich mal vor, was wir alles erreichen könnten, wenn wir es wirklich wollten. Aber um das zu tun, müssen wir Klartext reden, egal, wie unangenehm das auch ist.«[6]

Und Klartext reden – das wird Greta weiterhin. Denn wie kann es sein, dass zum 24. Mal ein Weltklimagipfel stattfindet und sich so gut wie nichts verbessert hat? In Windeseile verbreitete sich ihre Rede über YouTube und andere Netzwerke. Greta formulierte klare Ziele: Die Klimakrise sollte als existenzielle Bedrohung anerkannt und entschieden dagegen vorgegangen werden.

Von der Regierung ihres Landes forderte sie, das »Pariser Klimaabkommen« einzuhalten. Dieses Übereinkommen hatten 197 Vertragsparteien am 12. Dezember 2015 unterschrieben. Sie hatten sich damit zu mehr Klimaschutz verpflichtet. Zum Beispiel sollte die globale Erwärmung auf zwei Grad begrenzt werden, indem jedes Land seine Treibhausgas-Emissionen senkt. Grob gesprochen heißt das, dass alle in Eigenverantwortung dafür sorgen, deutlich weniger Dreck und Abgase in die Luft zu pusten. Schon zum Zeitpunkt der Unterzeichnung 2015 war klar, dass das Ziel zu niedrig gesteckt war. Zwei Grad waren zu wenig. 1,5 Grad wären deutlich besser für den Planeten Erde.

Trotzdem. Wenn man versucht nachzuvollziehen, wie kompliziert es war, die Mitgliedstaaten überhaupt zu dieser Übereinkunft zu bewegen, wenn man weiterhin sieht, dass die USA und Brasilien inzwischen von ihrer Zusage zurückgetreten sind, wird schnell klar, dass das »Pariser Klimaabkommen« bei allen Mängeln eben doch ein Erfolg war. Es war ein erster wichtiger Schritt in die richtige Richtung – aber natürlich nur, wenn die einzelnen Staaten sich an ihre Zusagen hielten.

Genau das passierte nicht.

Greta forderte deshalb, dass wohlhabendere Länder wie Schweden, die eigenen Treibhausgas-Emissionen um 15 Prozent senken. Von den Industrienationen forderte sie, innerhalb der nächsten zehn bis zwölf Jahre ihre Emissionen auf null Prozent zu senken. Ihrer Meinung nach waren das nicht nur Fragen des Umweltschutzes, sondern genauso um Gerechtigkeit. Es konnte doch nicht angehen, fand Greta, dass die Armen arm bleiben und die Reichen immer reicher werden. Es konnte nicht angehen, dass Menschen weiterhin weltweit für den Wohlstand weniger bezahlen. Es konnte nicht angehen, dass wirtschaftlicher Erfolg immer gewinnt und mehr zählt als alles andere. Aber es ging an. Es ging weiter wie gehabt.

Darum reiste Greta im Januar 2019 in die Schweiz, um beim Weltwirtschaftsforum in Davos zu sprechen. Auch dort setzte sie sich mit ihrem Protestschild in den Schnee. Auf der Fahrt paukte sie Mathe und Vokabeln.

Die Erkenntnisse der Wissenschaft, die Warnungen des Weltklimarates sprach sie laut aus, in Davos genauso wie vor dem Umweltausschuss des Europaparlaments in Straßburg oder vor dem Britischen Parlament in London.

Weil Greta auf keinen Fall fliegen wollte, reiste sie, wo auch immer sie auftrat und sich einmischte, mit dem Zug an, mit dem Elektroauto – oder mit einer Rennyacht, so wie im Sommer 2019 zum Klimagipfel der Vereinten Nationen in New York. Das rief ihre Kritiker*innen auf den Plan, denn irgendwer musste die Yacht schließlich zurückbringen, und der Dokumentar-Filmer, der die abenteuerliche Reise aufgenommen hatte, hatte auch keine Zeit für umständliche Rückfahrten – und stieg in ein Flugzeug. Am Ende, so hieß es, wäre es weitaus umweltschonender gewesen, wenn Greta und ihr Vater einfach geflogen wären: nur zwei Menschen statt einer Handvoll. War das alles also nur eine aufwendige Inszenierung gewesen? Ein PR-Gag? Und wie war das mit Klimaschutz zu vereinbaren?

Das Netz, das so wichtig war für Greta, für die Verbreitung ihrer Ideen und ihres Kampfes, wurde nun Forum übler Beschimpfungen und Beleidigungen. Sie sei ja nur ein Kind, nur ein Mädchen. Sie solle gefälligst zur Schule gehen, die Klappe halten und die Politik den Erwachsenen überlassen. Und überhaupt: Sie würde doch nur die Pferde scheu machen und Panik verbreiten. Das waren die harmloseren Attacken.

Trotzdem gab Greta nicht auf. Auch dann nicht, als der amerikanische Präsident Donald Trump sie in New York links liegen ließ und der russische Staatspräsident Wladimir Putin sich über sie lustig machte. Die Bundeskanzlerin der Bundesrepublik Deutschland, Angela Merkel, fand zwar freundliche Worte – an der deutschen Umweltpolitik aber änderte sich viel zu wenig.

Greta nahm weiterhin an Protestveranstaltungen auf der ganzen Welt teil. Mit jugendlichen Mitstreiter*innen tauschte sie sich aus, sie machten sich gegenseitig Mut. Wenn sie es schaffte, reiste sie zu Demonstrationen und marschierte mit. Nachdem sie die Regelschulzeit mit Bestnoten abgeschlossen hatte, hängte sie ihre weitere Schulbildung vorerst an den Nagel. Der Kampf für die Umwelt war ihr wichtiger. Erst 2020 will sie aufs Gymnasium gehen.

Für diesen Einsatz wurde sie vielfach geehrt. Das amerikanische »Time Magazine« nahm Greta in die Liste der 25 einflussreichsten Teenager 2018 und in die Liste der 100 einflussreichsten Persön-

---

GRETA THUNBERG wurde am 3. Januar 2003 in Stockholm geboren. Am 20. August 2018, einem Freitag, startete sie vor dem schwedischen Parlament in Stockholm ihren Protest: »Schulstreik für das Klima«. Es wurde der Beginn der »Fridays for Future«-Demonstrationen. Inzwischen machen Millionen Schüler*innen mit. Unter dem Hashtag #fridaysforfuture gehen sie weltweit für den Klimaschutz auf die Straße.

lichkeiten 2019 auf. Anlässlich des Weltfrauentages 2019 wurde sie in Schweden zur »Frau des Jahres« gewählt. Am 17. April 2019 nahm sie an der Generalaudienz von Papst Franziskus in Rom teil – mit dabei war wieder ihr inzwischen weltberühmtes Protestschild. Greta wurde mit nationalen und internationalen Umweltpreisen ausgezeichnet. Die Preisgelder gab sie an Organisationen weiter, die sich für Klimagerechtigkeit einsetzen. 2019 wurde sie mit dem »Alternativen Nobelpreis« ausgezeichnet und für den »Friedensnobelpreis« vorgeschlagen.

Heute belagern Menschen aller Generationen aus aller Welt den Platz vor dem Parlament in Stockholm, wenn Greta streikt. Sie wird abgeschirmt wie eine Profi-Politikerin. Heute vergeht kaum ein Tag, an dem nicht über sie berichtet wird. Mal ist sie dann das kleine Mädchen mit den streng geflochtenen Zöpfen, mal wird ihr Pippi-Langstrumpf-Power attestiert. Es schlägt ihr aber auch blanker Hass entgegen. Wie im Oktober 2019 in Rom: Da wurde eine Puppe, mit Zöpfen und gelbem Regencape unverkennbar Greta, an einer Brücke aufgeknüpft. Wieder andere schreiben ihr etwas zwischen Heiliger, Heilsbringerin und Weltenretterin zu.

Denn auch das gehört zu unserer Zeit: dass der Hype um eine Person so groß wird, dass das eigentliche Anliegen aus dem Blick gerät. Greta Thunberg hat es im Sommer 2018 auf ein kleines weißes Schild geschrieben: »Skolstrejk för klimatet«. »Schulstreik für das Klima«. Aus dem unsichtbaren Mädchen aus der letzten Reihe ist eine prominente Klima-Aktivistin geworden, die hoch konzentriert ihr Ziel verfolgt und das Wort ergreift, wo auch immer sie kann: für ihre gute Sache, die die Sache aller sein sollte. Für das Klima.

EMMA GONZÁLEZ
AKTIVISTIN FÜR STRENGERE WAFFENGESETZE

> » Nach all dem Schmerz und all den Todesopfern von Waffengewalt scheint es so, als seien die Kinder die Einzigen, die immer noch die Energie haben, Veränderung zu bewirken.[7] «

Sechs Minuten und 20 Sekunden können eine fast unendlich lange Zeit sein. Etwa so lange dauert die Rede, die Emma González am 24. März 2018 in Washington D. C., der Hauptstadt der USA, hält.

»Sechs Minuten und ungefähr 20 Sekunden«, mit diesen Worten beginnt Emma ihre Rede. »In etwas mehr als sechs Minuten wurden uns 17 Freund*innen genommen. 15 wurden verletzt.«[8]

Das, was Emma da beschreibt, ist der Grund, weshalb sie an diesem Samstag im März als letzte Rednerin vor die Teilnehmer*innen des sogenannten »March for Our Lives« tritt.

Sechs Minuten und 20 Sekunden, so lange hatte auch der Amoklauf am 14. Februar 2018 an der »Marjory Stoneman Douglas High School« gedauert. Es war die Schule, die Emma, damals 18 Jahre alt, zu dieser Zeit besuchte. Ein ehemaliger Schüler – er war 19 Jahre alt und im Jahr zuvor der Schule verwiesen worden – betrat kurz vor Unterrichtsende die Highschool in der US-amerikanischen Stadt Parkland in Florida. Er war schwer bewaffnet und erschoss 17 Menschen, darunter 14 Schüler*innen.

»Jeder, wirklich jeder aus unserer Schulgemeinschaft hat sich für immer verändert. Jeder, der dabei war, weiß, was ich meine. Jeder, der von der kalten Waffengewalt betroffen war, weiß, was ich meine«[9], fährt Emma in ihrer Rede fort.

Sie beschreibt die Stunden danach, die Unsicherheit, nichts zu wissen, das ganze unvorstellbare Ausmaß dieser Katastrophe. Dann nennt Emma die Namen aller Todesopfer, die sich nie wieder über Klavierunterricht beschweren, nie wieder im Sommerlager herumalbern oder Basketball spielen werden.
    Nie wieder.
    Als sie am Ende ihrer Aufzählung angelangt ist, schweigt Emma. Etwa vier Minuten steht sie auf der Bühne, mit ihren kurzen dunklen Haaren und einem

Parka, auf dem verschiedene Motive und Botschaften aufgenäht sind. Immer wieder kommen ihr die Tränen, aber sie schaut entschlossen ins Publikum – und blickt in Gesichter von Menschen, die ebenfalls weinen oder mit den Tränen kämpfen.

»Seit ich auf die Bühne gekommen bin, sind sechs Minuten und 20 Sekunden vergangen«, beendet Emma ihr Schweigen. »Der Amokläufer hat nun aufgehört zu schießen. Er wird gleich seine Waffe ablegen, sich unter die Schüler*innen mischen, die aus dem Gebäude flüchten, und vor seiner Festnahme noch eine Stunde lang frei herumlaufen. Kämpft für euer Leben, bevor sich jemand anderes darum kümmern muss.«[10]

Das Video von Emmas Rede wird um die Welt gehen und sie überall bekannt machen. Als sie die Bühne verlässt, brandet Beifall auf. All die Menschen, die da im Publikum stehen, die gekommen sind, um ein Zeichen gegen Waffengewalt zu setzen, scheinen zutiefst berührt von Emmas Worten und Botschaft. Allein in Washington D. C. sollen an diesem 24. März 2018 über 800 000 gekommen sein, um gegen Waffengewalt zu demonstrieren, sagen die Veranstalter*innen, zu denen auch Emma gehört.

Dass so viele Menschen in Washington D. C. und in anderen Städten auf die Straße gingen, hat auch mit der Situation in den USA zu tun. Denn hier sind Amokläufe wie an Emmas Schule kein Einzelfall. Das US-amerikanische Magazin »Mother Jones«, das versucht hat, eine Übersicht aller »Mass Shootings«, wie es dort heißt, aller Massenschießereien, zu erstellen, listet seit 1982 insgesamt 117 solcher Fälle auf, 17 davon an Schulen. Andere Zählungen kommen zu noch weit höheren Ergebnissen.

Ein Grund dafür ist, dass Waffen in den USA eine spezielle Rolle spielen. Ein Teil der Gesellschaft beharrt auf dem Recht, eine Waffe zu tragen und notfalls auch einzusetzen. Befürworter*innen einer solchen Position betrachten das als Teil ihres Rechts auf Freiheit und beziehen sich auf die US-amerikanische Verfassung. Die Folge ist, dass Waffen in den USA verhältnismäßig einfach zu bekommen sind. Teilweise haben sogar

große Supermarktketten eigene Waffenabteilungen. Auch die Waffen, die bei »Mass Shootings« verwendet werden, sind oftmals legal im Besitz der Täter*innen – so, wie im Falle des Amokläufers von Parkland. Doch wo mehr Waffen im Umlauf sind, häufen sich auch die Fälle, in denen sie zum Einsatz kommen. Auf der Straße, in Einkaufszentren, in Kinos oder Schulen fallen immer wieder tödliche Schüsse. Darum gibt es viele Kritiker*innen der Waffengesetze in den USA.

Nach dem Amoklauf an ihrer Schule wurde Emma zu einem der bekanntesten Gesichter der Bewegung für strengere Waffengesetze in den USA. Schon einige Tage nach der Tat hatte eine Gruppe von überlebenden Schüler*innen der »Marjory Stoneman Douglas High School« (MSD) die Gruppe »Never Again MSD«, »Nie wieder MSD« gegründet. Auch Emma gehörte dieser Gruppe an. Ihre Wut beschrieb sie einmal in einem Artikel für die »teenVogue«:

»Wie auch immer man es betrachtet, eine der größten Bedrohungen im Leben eines Teenagers in den USA heute ist es, erschossen zu werden.«

Und weiter:

»Junge Leute in diesem Land haben ihr ganzes Leben lang Gewalt durch Schusswaffen erfahren, nur um mit zahlreichen Politiker*innen und Funktionär*innen konfrontiert zu sein, die von der Waffenlobby verführt worden sind oder generell gescheitert sind, eine effektive Veränderung zu bewirken.«[11]

Bei einer Demonstration kurz nach dem Amoklauf hatte Emma eine erste Rede gehalten, die bereits viel Beachtung fand und in der sie andere junge Menschen aufforderte, Druck auf die Politik auszuüben, um endlich strengere Waffengesetze zu verabschieden. Ihre Entschlossenheit machte Eindruck. In der darauffolgenden Zeit gaben Emma und ihre Mitaktivist*innen viele Interviews, wurden in große US-Talkshows eingeladen, schrieben selbst Artikel und schafften es auf die Titelseite des renommierten »Time Magazine«. Emma ist an der Spitze einer Gruppe von Schüler*innen zu sehen – mit verschränkten Armen blickt sie entschlossen in die Kamera.

Als Emma sich schließlich einen Twitter-Account zulegte, hatte sie nach weniger als zwei Wochen bereits über eine Million Follower.

EMMA GONZÁLEZ war 18, als sie an ihrer Schule einen Amoklauf miterleben musste. So etwas darf nie wieder passieren, fand sie und begann, den Protest gegen die Waffenlobby, US-amerikanische Politiker*innen und alte Traditionen anzuführen. Am Ende wurden die Waffengesetze in ihrem Bundesstaat Florida verschärft.

Doch ihr Kampf war und ist ein Kampf gegen einen mächtigen Gegner. Nicht nur, weil vielen Menschen in den USA ihre Waffen wichtig sind, sondern auch, weil es eine einflussreiche Lobbygruppe gibt: die »National Rifle Association«, kurz NRA. Auf Deutsch bedeutet der Name so viel wie »Nationale Schusswaffenvereinigung« – und er ist Programm: Denn die Organisation kämpft heftig gegen alles, was den Waffenbesitz und das Recht auf das Tragen einer Waffe einschränken soll. Die NRA unterstützt Politiker*innen finanziell im Wahlkampf und hat dadurch selbst viel Macht und Einfluss. Zudem arbeiten viele Unternehmen mit der NRA zusammen und bieten Mitgliedern des Verbandes Vergünstigungen an.

Auch gegen diese Strukturen protestierten Emma und ihre Mitstreiter*innen. Sie forderten Firmen auf, nicht mehr mit der NRA zusammenzuarbeiten, und hatten zumindest bei einigen damit Erfolg. Sie prangerten Politiker*innen öffentlich an, die Unterstützung durch die NRA erhielten. Sie machten sich damit Feinde.

Über Emma wurden Verschwörungstheorien in Umlauf gebracht, im Internet musste sie zahlreiche Angriffe aushalten.

Trotzdem machte sie weiter. Einen Monat nach dem Amoklauf und den ersten Protesten verließen etwa eine Million Schüler*innen an etwa 3000 Schulen in den USA den Unterricht, um ein weiteres Zeichen zu setzen.

Der Protest zeigte Wirkung: In Florida und anderen US-Bundesstaaten wurden die Gesetze zum Besitz von Schusswaffen inzwischen zumindest etwas verschärft. Doch die Bewegung der Schüler*innen wollte noch strengere Gesetze.

Im Sommer 2019 stellte die Gruppe von »March for Our Lives« einen Friedensplan für ein sichereres Amerika vor. Darin fordern die Aktivist*innen unter anderem, die Waffenlobby und Waffenindustrie zur Verantwortung zu ziehen und dafür zu sorgen, dass die junge Generation in der Politik endlich Gehör findet.

Letzteres haben Emma Gonzáles und ihre Mitstreiter*innen bereits erreicht – so, wie sie es in ihrer Rede formuliert hat:

»Schüler*innen im ganzen Land haben schon die Bereitschaft gezeigt, ihren Anteil zu übernehmen. Jetzt ist es an den Erwachsenen, sich uns anzuschließen.«[12]

CLAUDETTE COLVIN
BÜRGERRECHTS-AKTIVISTIN

>> Gerechtigkeit ist nicht leicht zu erreichen. Man kann sie nicht mit schönen Worten einfordern. Man muss sich erheben und deutlich sagen: ›Das ist falsch‹. Genau das habe ich getan.[13] <<

Wenn ihr heute in einen Bus steigt, könnt ihr euch setzen, wohin ihr wollt. Vielleicht ist kein Platz frei, vielleicht braucht jemand anderes den Sitzplatz dringender als ihr. Dann aufzustehen wäre höflich oder rücksichtsvoll, aber ihr müsst es nicht tun.

Das war nicht immer und überall so. Und es galt längst nicht für alle. Noch bis in die Mitte des 20. Jahrhunderts gab es in zahlreichen Bundesstaaten von Amerika die sogenannte »Rassendiskriminierung« und »Rassentrennung«. Der amerikanische Bürgerkrieg, der von 1861 bis 1865 gedauert hatte, war zwar längst vorbei, die Nordstaaten der Vereinigten Staaten hatten die Südstaaten besiegt und damit ihr wichtigstes Kriegsziel durchgesetzt: die Abschaffung der Sklaverei. Doch in den Köpfen vieler US-Amerikaner*innen blieben Menschen schwarzer Hautfarbe weiterhin Menschen zweiter Klasse. Sie galten als weniger wert.

Schwarze und weiße Menschen wohnten getrennt voneinander, sie gingen in unterschiedliche Kirchen, sie aßen in verschiedenen Restaurants. Weiße und schwarze Kinder besuchten getrennte Schulen, schwarze Kinder hatten weniger Chancen auf Bildung, auf eine Ausbildung oder gar ein Studium, später auf gut bezahlte Berufe. Schwarze, die sich heute übrigens »People of Color« nennen, durften außerdem nicht aus den gleichen öffentlichen Wasserhähnen trinken wie die Weißen, sie durften in Bekleidungsgeschäften nicht die gleichen Umkleidekabinen benutzen oder die Schuhe, die sie kaufen wollten, anprobieren. Sie durften nicht die gleichen Toiletten benutzen, sie durften sich nicht an denselben Waschbecken die Hände waschen. Überall da, wo Menschen, die in derselben Stadt leben und dieselbe Staatsbürgerschaft haben, sich aufhalten und einander begegnen, galt nicht gleiches Recht für alle. Stattdessen hingen da Schilder: Colored. White. Für Schwarze. Für Weiße. Die »Rassentrennung« war unübersehbar.

Außerdem erließen weiße US-Amerikaner*innen noch Jahrzehnte nach dem

Bürgerkrieg Gesetze, die dafür sorgten, dass Weiße und Schwarze voneinander getrennt blieben. Schwarze wurden aufgrund ihrer Hautfarbe herabgesetzt, daher der Begriff: »Rassendiskriminierung«. Wer den Gesetzen zuwiderhandelte, musste mit Bestrafung rechnen.

Eines dieser sogenannten »Jim-Crow-Gesetze« regelte die »Rassentrennung« in öffentlichen Verkehrsmitteln – auch in der Stadt Montgomery im Bundesstaat Alabama. Es galt im »Highland Gardens Bus«. Es galt am Nachmittag des 2. März 1955. Dort beginnt die Geschichte von Claudette Colvin, die an diesem Tag nicht mehr mitmachen wollte.

Wer protestiert, steht üblicherweise auf, geht auf die Straße, demonstriert. Claudette tat genau das Gegenteil: Sie blieb sitzen. Gegen das Gesetz machte sie ihren Sitzplatz nicht frei für eine weiße Frau. Dafür muss man wissen, dass »Rassentrennung« in einem Bus zu der Zeit folgendermaßen funktionierte: Die vorderen Sitzreihen waren ausschließlich für Weiße reserviert, die hinteren für Schwarze, die übrigen Plätze in der Mitte wurden durch den Busfahrer zugeteilt. Hier konnten sich schwarze Fahrgäste zwar hinsetzen, aber nur so lange, bis eine Weiße oder ein Weißer den Platz beanspruchte. Dann mussten schwarze Passagiere Platz machen, und zwar alle, nicht nur der oder die, die den Sitz räumte, sondern die ganze Reihe, damit die »Rassentrennung« aufrechterhalten blieb und Weiße nicht neben Schwarzen sitzen »mussten«.

An jenem 2. März 1955 war Claudette auf dem Heimweg von der »Booker T. Washington High School«. Die 15-Jährige setzte sich auf einen Fensterplatz im mittleren Teil des Busses, in der gleichen Reihe nahmen drei Klassenkameradinnen Platz. Man kann sich vorstellen, wie die vier schwatzten und lachten oder, so erinnert sich Claudette, erledigt von einem langen Schultag irgendwann vor sich hin träumten, so wie sie. Darum bekam sie es erst gar nicht mit, als eine weiße Frau einstieg und sich demonstrativ neben die Sitzreihe stellte: Die Schülerinnen sollten für sie Platz machen. Auch der Busfahrer forderte sie dazu auf. Drei standen auf und gingen nach hinten. Eine blieb sitzen: Claudette.

Sie weigerte sich, auch als der Busfahrer Robert W. Cleere sie ausdrücklich anwies, dass sie aufstehen solle. Sie schaute einfach weiter aus dem Fenster. Sie weigerte sich sogar, ihren Sitzplatz zu räumen, als er zu ihr nach hinten kam und sie anbrüllte.

»Für eine ältere Weiße wäre ich sogar aufgestanden«, erinnert sich Claudette in einem Interview 2018, »aber dies war eine junge weiße Frau!«[14]

Außerdem – das sagte sie auch dem Fahrer, als der sie aus dem Bus werfen wollte – hätte sie rechtmäßig ein Ticket gekauft. Darum weigerte Claudette sich weiterhin, selbst dann, als der Busfahrer einen Verkehrspolizisten herbeirief, schließlich zwei Streifenpolizisten einschaltete, die ihr ebenfalls befahlen aufzustehen. Die 15-Jährige blieb sitzen, bis die Polizisten ihr die Schulbücher aus der Hand schlugen, sie an den Armen packten und vom Sitz zerrten. Dabei war sie weitsichtig genug, sich nicht zu wehren. Sie berief sich nur immer wieder laut und deutlich auf ihr Recht der Gleichbehandlung aller US-amerikanischen Staatsbürger*innen. So stehe es in der Verfassung. Zuletzt wurde sie in Handschellen abgeführt und in eine Zelle gesperrt:

»Da hatte ich schreckliche Angst. Es war wie in einem dieser Westernfilme, wo sie den Banditen in eine Zelle stecken und du nur noch hörst, wie sich der Schlüssel im Schloss dreht. Dieses Geräusch höre ich bis heute!«[15]

Erst Stunden später konnten ihre Mutter und ein Pastor sie gegen eine Kaution aus dem Gefängnis holen. »Jetzt hast du's endlich gemacht, Claudette«, habe ihre Mutter gesagt, und ihr Vater sei zu Hause die ganze Nacht wach geblieben, mit einer geladenen Pistole in der Hand, aus Angst vor einem Angriff durch Weiße.

Wie kommt eine 15-Jährige auf eine solche Idee? Woher nimmt sie den Mut? Zu der Zeit war Claudette Mitglied der Jugendgruppe der schwarzen Bürgerrechtsbewegung »National Association for the Advancement of Colored People«, kurz: NAACP. Sie hatte in der Schule einiges über die afroamerikanische Geschichte gelernt. Sie hatte vom »Abolitionismus« gehört, einer Bewegung zur Abschaffung der Sklaverei, und sie hatte einen Aufsatz über »Rassendiskriminierung« geschrieben.

Später, da war Claudette längst erwachsen und lebte in New York, sagte sie:

»Ich konnte an diesem Tag einfach nicht aufstehen. Die Geschichte hat mich an diesen Platz gefesselt. Auf der einen Schulter spürte ich die Hand von Harriet Tubman, auf der anderen die von Sojourner Truth, wie sie mich in den Sitz drückten.«[16]

Was für eine Rückendeckung. Was für Vorbilder! Harriet Tubman und Sojourner Truth hatten selbst noch die Sklaverei erlebt. Beiden Frauen war die Flucht gelungen, später schlossen sie sich dem

»Abolitionismus« an. Harriet Tubman wurde Fluchthelferin während des amerikanischen Bürgerkriegs, Sojourner Truth engagierte sich als Frauenrechtlerin und Wanderpredigerin und hatte sich schon zuvor gegen »Rassentrennung« in öffentlichen Verkehrsmitteln eingesetzt. Denn diese »Rassentrennung« war ja nicht nur eine ungerechte Praxis, es war eine tägliche Beleidigung: Weiße wollten nicht in der Nähe von Schwarzen sein. Weiße hielten sich offensichtlich für etwas Besseres. Auf Schritt und Tritt waren Schwarze dieser Art der Missachtung ausgesetzt.

Auch Claudette litt unter der Ungerechtigkeit. In den Fußstapfen der berühmten afroamerikanischen Freiheitskämpferinnen ging sie vielleicht deswegen noch einen Schritt weiter: Als sie wegen »ordnungswidrigen Verhaltens und Verstoßes gegen die Rassegesetze aufgrund von Widerstand gegen die Staatsgewalt« angeklagt wurde, zahlte sie nicht einfach das verordnete Bußgeld und hielt den Mund – Claudette zog vor Gericht. Das hatte es in Montgomery bisher noch nicht gegeben. Nun sammelten schwarze Kirchengemeinden und die NAACP Geld für einen Anwalt. Am Ende wurde Claudette wegen angeblicher »tätlicher Angriffe« auf die beiden Polizisten auf Bewährung verurteilt. Ein Berufungsverfahren kam nicht zustande.

Neun Monate nach Claudettes spontanem Widerstand stand noch eine Frau im Bus nicht auf, um einem Weißen Platz zu machen: Die 42-jährige Näherin Rosa Parks, die Claudette aus der Jugendgruppe des NAACP übrigens gut kannte, wurde zur Symbolfigur des »Busboykotts von Montgomery«.

War Claudette mit ihren 15 Jahren zu jung, um zum Gesicht eines Protestes dieses Ausmaßes zu werden? Darüber wurde immer wieder spekuliert. Claudette selbst, die bei Adoptiveltern in einem der ärmsten Viertel von Montgomery aufgewachsen ist, meint rückblickend, die schwarze Mittelschicht habe sie nicht als Vorbild gewollt. Zudem war sie mittlerweile schwanger von einem verheirateten Mann. Auch das passte nicht ins Bild eines Vorbilds. Andere vermuten, dass die Unerschrockenheit und Konsequenz dieser jungen Frau die Verantwortlichen des NAACP verunsichert hätten: Wäre eine derart rebellische Jugendliche überhaupt zu kontrollieren gewesen?

Fest steht: Dank des spontanen Protests von Claudette am 2. März 1955 wusste die NAACP neun Monate später genau, was zu tun war. Über Flugblätter forderte sie die schwarze Bevölkerung der Stadt dazu auf, nicht mehr mit den öffentlichen Bussen zu fahren. Die Unterstützung war überwältigend, fast 100 Prozent hielten sich daran. 381 Tage gingen sie zu Fuß, organisierten sich in Fahrgemeinschaften, schwarze Taxifahrer fuhren gegen einen symbolischen Betrag. Dadurch verlor die Stadt viel Geld, Bustickets wurden teurer.

Trotzdem wollte Montgomery nicht nachgeben.

Es kam zu Demonstrationen, angeführt von Menschenrechts-Aktivist*innen wie Pfarrer Dr. Martin Luther King, und es kam zu weiteren Verhandlungen.

Noch einmal zog Claudette vor Gericht. Mit 16 Jahren war sie eine der vier Frauen, die den Mut hatten, erst gegen das Gesetz der »Rassentrennung« in Bussen zu verstoßen und dann auch noch gegen die Stadt Montgomery zu klagen. Die Frauen argumentierten, so wie Claudette das bereits im März 1955 im Bus getan hatte, mit dem 14. Zusatzartikel der Amerikanischen Verfassung, der die Gleichheit aller US-amerikanischen Staatsbürger*innen garantiert.

Am 11. Mai 1956 wurde Claudette in den Zeugenstand gerufen. Auf die Frage des Anwalts der Stadt Montgomery:

»Warum fährst du seit dem 5. Dezember nicht mehr mit dem Bus?«, soll sie geantwortet haben: »Weil man uns falsch, schlecht und gemein behandelt hat.«[17]

Erst als der Oberste Gerichtshof der Vereinigten Staaten von Amerika im Dezember 1956 die »Rassentrennung« für verfassungswidrig erklärte, musste die Stadt Montgomery sie in öffentlichen Verkehrsmitteln aufheben.

War Claudette danach eine Heldin? War sie stolz auf sich und ihren Protest? Nein, im Gegenteil: In der Schule machten sich die anderen über sie lustig, sie verlor ihre

Freund*innen, ihren Mut, sie litt immer wieder unter dem Gefühl, etwas Falsches getan zu haben. Mit 18 Jahren zog sie nach New York, wo sie die nächsten 50 Jahre als Krankenschwester in einem Pflegeheim in Manhattan arbeitete. Über ihre Erfahrungen schwieg sie viele Jahre. Erst nachdem ihre Kinder aus dem Haus waren, sie Großmutter und Rentnerin war, begann sie, öffentlich über ihren Widerstand als Jugendliche zu berichten.

Denn nur wer laut und deutlich sagt, was falsch ist, kann etwas verändern. 1955 hat Claudette Colvin mit 15 Jahren einen solchen Anfang gemacht: im Kampf gegen den Rassismus in Amerika. Für die Freiheit.

CLAUDETTE COLVIN wurde am 5. September 1939 geboren. Mit 15 Jahren war sie die Erste, die sich der damaligen »Rassentrennung« in öffentlichen Bussen widersetzte. Am 2. März 1955 weigerte sie sich, ihren Sitzplatz für eine Weiße aufzugeben. Ihr ziviler Ungehorsam war der Auftakt zum späteren »Busboykott von Montgomery« in Alabama, der schließlich zur Aufhebung der »Rassentrennung« in öffentlichen Verkehrsmitteln führte.

KELVIN DOE

ERFINDER, INGENIEUR UND DJ

>> **Kreativität ist universell und kann an Orten gefunden werden, an denen man sie nicht vermuten würde.**[18] <<

Wie stellt man sich einen Erfinder und Tüftler vor, einen Ingenieur, der sich vieles selbst beigebracht hat? Vielleicht ein bisschen wie einen verrückten älteren Professor mit zerzausten Haaren. Und vermutlich auch mit einem richtigen Labor oder einer gut ausgerüsteten Werkstatt. Bei Kelvin Doe war das anders. Aber ein Erfinder, ein Neugieriger, das ist er schon immer gewesen. Denn, so hat er einmal gesagt:

»Ich glaube, Leidenschaft kommt von innen, nicht von außen.«[19]

Kelvin hatte diese Leidenschaft fürs Erfinden schon als kleiner Junge. Er war das jüngste von fünf Kindern und wuchs bei seiner alleinerziehenden Mutter in einem armen Stadtteil in Freetown, der Hauptstadt von Sierra Leone, auf. Es war ein hartes Leben, die Familie war arm, aber von seiner Mutter, die immer sehr selbstbewusst war und alle Hindernisse überwand, lernte er eine ganze Menge. Zum Beispiel Durchhaltevermögen. Dieses Durchhaltevermögen würde er noch brauchen.

Mit elf Jahren begann Kelvin, auf seinem Heimweg von der Schule Elektroschrott zu sammeln. Er durchkämmte die Mülltonnen auf der Suche nach bestimmten Teilen, denn Geld, um sie zu kaufen, hatte er nicht. All die alten Geräte, die er auf diese Weise zusammensammelte, baute er zu Hause auseinander. Er wollte verstehen, wie sie funktionieren, er reparierte sie, und manchmal baute er aus den alten Teilen auch neue Geräte.

Oft tüftelte er nachts: Nachdem er früh ins Bett gegangen war, stand er nach Mitternacht wieder auf, während alle anderen schliefen, und schraubte an den Geräten mit all den Kabeln und Steckern herum. Das Wohnzimmer sah aus wie ein Elektroschrottplatz. Meist wurde seine Mutter irgendwann wach und scheuchte ihn zurück ins Bett.

Kelvin bemerkte bald, dass man mit dem, was andere Menschen für Müll hielten, noch einiges anfangen konnte – beziehungsweise: dass *er* damit noch einiges anfangen konnte. Er brachte Dinge wieder zum Laufen. Radios zum Beispiel. Das machte ihn in seiner

Gegend einigermaßen bekannt. Denn Radios sind wichtig. Auch in Sierra Leone. Die Leute hören Nachrichten oder Musik, informieren sich oder werden unterhalten, und Kelvin war derjenige, der die Geräte reparieren konnte.

Doch das war nur ein erster Schritt. Bald baute sich Kelvin ein Set, mit dem er Musik mischen und abspielen konnte, sogar ein Mikrofon hatte er angeschlossen. Mehr brauchte er nicht, um DJ zu werden. Er nannte sich »DJ Focus«, weil er so fokussiert war, wenn er an seinen Erfindungen arbeitete.

Bei privaten Feiern in der Nachbarschaft sorgte er nun für die Musik und verdiente sich so ein kleines Taschengeld.

Die Sache hatte allerdings einen Haken: Das meiste Geld ging für neue Batterien drauf. Die waren teuer. Kelvin konnte sich das auf lange Sicht nicht leisten. Aber auch davon wollte er sich nicht abhalten lassen, und so begann er zu experimentieren: Er baute eine Batterie auseinander, sah sich an, was alles darin enthalten war, und versuchte, selbst Batterien zu bauen. Und tatsächlich: Nach einigen gescheiterten Versuchen klappte es. Jetzt konnte Kelvin nicht nur seine DJ-Ausrüstung mit Strom versorgen, sondern auch noch seinen Nachbar*innen helfen. Denn dort, wo Kelvin herkam, fiel der Strom oft aus. Licht gab es, so sagte er später einmal, nur etwa einmal in der Woche. Den Rest der Zeit war es dunkel. Mit seinen Batterien konnten mehr Lampen betrieben werden. Und er arbeitete weiter – auf der Suche nach dem nächsten großen Projekt.

Weil er selbst es liebte, den DJs im Radio zuzuhören, machte er sich an seinen eigenen Radiosender. Noch immer sammelte er dafür alten Elektroschrott im Müll. Noch immer verbrachte er viele Nächte damit, an seiner Sendestation zu arbeiten, noch immer scheiterte er, probierte es erneut – es war ein mühsames und manchmal richtig frustrierendes Projekt, doch Monate später war es so weit: Kelvin ging das erste Mal auf Sendung.

Fast wäre Kelvins Radioprojekt dennoch gescheitert, denn die erste Frequenz, auf der er sendete, war die eines berühmten Radiosenders in Sierra Leone. Kelvins Mutter hatte Sorge, Kelvin könne Ärger mit der Polizei bekommen. Darum bat sie ihn, seine Radio-Antenne wieder abzubauen. Doch Kelvin änderte einfach die Frequenz. Nun konnte »DJ Focus« übers Radio empfangen werden.

Seine Radiostation betrieb Kelvin mit einem Generator, den er natürlich selbst gebaut hatte. Einmal mehr versorgte er nicht nur seine Familie mit Strom, sondern ermöglichte es auch seinen Nachbar*innen, beispielsweise ihre Handys aufzuladen. Schließlich war das sein Ziel: Er wollte mit seinen Erfindungen immer auch seinen Freund*innen, Nachbar*innen und Verwandten helfen.

Sein Radiosender machte Kelvin bekannt, er stellte sogar Freunde als Reporter ein. Denn auch hier ging es Kelvin um das große Ganze:

»Wenn wir in meiner Community einen Radiosender haben, bekommen die Menschen die Möglichkeit, über Dinge zu debattieren, die unsere Nachbarschaft betreffen – aber auch Sierra Leone als Ganzes«[20], sagte er einmal.

Kelvin, der Junge, der mit seinen aus Elektroschrott gebauten Erfindungen das Leben seiner Mitmenschen erleichterte, wurde berühmt. Lokalzeitungen und Fernsehsender wurden auf ihn aufmerksam. Außerdem nahm Kelvin mit seinem Radio an einem »Innovations-Wettbewerb« teil. Er kam ins Finale. Vor allem aber lernte er den Wissenschaftler David Sengeh kennen, der auch aus Sierra Leone kam, an berühmten Universitäten in den USA promoviert und den Ideenwettbewerb organisiert hatte. Er wurde so etwas wie ein Mentor für Kelvin. Und er, der bis dahin selten einmal weiter als 15 Kilometer von zu Hause weg gewesen war, reiste nun in die USA. David Sengeh hatte sich dafür eingesetzt. In den USA konnte Kelvin an einer der besten Technischen Universitäten der Welt, dem »Massachusetts Institute of Technology«, kurz MIT, an einem Programm teilnehmen. Das war eine große Ehre für den damals 15-Jährigen, normalerweise wurden zu diesem Programm nämlich nur Profis eingeladen, die auf der Karriereleiter schon nach oben geklettert waren.

Kelvin war der mit Abstand jüngste Teilnehmer aller Zeiten. Er saugte alles auf, was er in den USA lernen konnte. In dieser Zeit wurde eine Dokumentation über das »Wunderkind aus Freetown«, wie viele ihn nannten, gedreht. Der Film wurde bei YouTube ein Hit. Innerhalb

KELVIN DOE, geboren am 26. Oktober 1996, wuchs in einem armen Stadtteil von Freetown auf, der Hauptstadt von Sierra Leone. Weil er kein Geld hatte, durchkämmte er die Mülleimer in seiner Gegend auf der Suche nach Elektroschrott, um daraus neue Geräte zu bauen. Mit seinen Erfindungen bereicherte er das Leben der gesamten Nachbarschaft – und wurde zum Vorbild für viele Kinder in Sierra Leone.

weniger Monate wurde das Video vier Millionen Mal angeklickt. Heute hat es über 15 Millionen Klicks.

So wurde Kelvin zu einer Berühmtheit und zu einem Vorbild für viele Kinder und Jugendliche in seinem Land. Er wurde zu Vorträgen in andere Länder eingeladen. Als er in die USA reiste, um das erste Mal seine Geschichte bei einem Vortrag zu erzählen, wurde er sogar auf der Straße erkannt – als der Junge aus dem YouTube-Video. Außerdem erhielt er eine Auszeichnung des Präsidenten von Sierra Leone: einen richtigen goldenen Orden.

Heute lebt und studiert Kelvin in Kanada, doch eines Tages will er Präsident von Sierra Leone werden. Bis dahin will er das Leben dort und in anderen Ländern Afrikas durch seine Erfindungen verbessern. Darum befasst er sich mit neuen, umweltfreundlichen Möglichkeiten der Energiegewinnung und hat außerdem die »Kelvin Doe Foundation« gegründet. Die will junge Afrikaner*innen ermutigen, innovative Lösungen für die Probleme und Herausforderungen in ihren Communities zu entwickeln.

Denn wenn einer weiß, dass das geht, weil überall Talent, Leidenschaft und Erfindergeist schlummern, dann ist das Kelvin Doe.

AMIKA GEORGE
FRAUENRECHTS-AKTIVISTIN

>> Wir brauchen kostenlose Hygieneartikel an Schulen – das ist ein Menschenrecht.[21] <<

Armut hat viele Gesichter. Eines davon kann sein, dass junge Frauen sich während ihrer Periode keine Hygieneartikel leisten können. Die Folgen sind enorm. Einige von ihnen behelfen sich mit Toilettenpapier, mit Zeitungspapier, mit Taschentüchern, mit in Streifen geschnittenen alten T-Shirts oder Socken, die sie in den Slip legen. Andere benutzen Tampons mehrfach, was richtig gefährlich ist, weil das zu Entzündungen führen kann. Wieder andere gehen während ihrer Periode gleich gar nicht zur Schule. Ohne Hygieneartikel fühlen sie sich derart beeinträchtigt, ungeschützt und ausgeliefert, dass sie sich nicht aufs Lernen konzentrieren können. Lieber nehmen sie in Kauf, im Durchschnitt eine Woche Unterricht zu versäumen. Monat für Monat.

Manche Mädchen sind zum Zeitpunkt ihrer ersten Menstruation erst zehn Jahre alt, die Jüngsten sind gerade mal sieben. Oft werden sie fortan mit einem Problem allein gelassen, das eigentlich keines sein sollte, sondern etwas vom Natürlichsten der Welt. Wer im Internet Aussagen von inzwischen erwachsenen Frauen zum Thema »Period Poverty« anschaut, also Armut, die sich durch die Periode jeden Monat aufs Neue zeigt, spürt bis heute die Betroffenheit und Scham dieser Frauen, wenn sie sich an die Not ihrer Kindheit und Jugend erinnern. Das muss, das darf nicht sein.

Dass Armut in diesem Fall speziell weiblich ist, erfuhr Amika George zufällig. Sie saß am Frühstückstisch, aß ihr Müsli, lauschte den Nachrichten – und konnte kaum glauben, was sie da hörte: »Ich musste den Löffel aus der Hand legen«[22], erinnert sich die damals 17-Jährige, so unvorstellbar war für sie, dass es so etwas wie »Period Poverty« tatsächlich gab, in ihrem Land, in England, in diesen vermeintlich so aufgeklärten Zeiten:

»Als Schülerin war ich entsetzt darüber, wie eine natürliche biologische Funktion die schulischen Leistungen von Mädchen beeinträchtigt und dafür sorgt, dass sie keine gleichwertige Ausbildung erhalten. Es war das Schweigen der Regierung zu diesem Thema, das mich dazu veranlasste, die Kampagne für kostenlose Hygieneartikel für Mädchen aus einkommensschwachen Haushalten zu starten.«[23]

Amika reagierte spontan, menschlich und pragmatisch. Sie sah: Auf den Toiletten für Jungs gab es alles, was sie brauchten, nämlich Klopapier. Mädchen hingegen brauchten während ihrer Periode eben auch noch Tampons und Binden. Warum waren die nicht frei verfügbar? Das ist doch ungerecht!

Auch die Zahlen schockierten sie: In Großbritannien kann sich eine von zehn Frauen zwischen 14 und 21 Jahren keine Hygieneartikel leisten. Mehr als 137 000 sollen im Jahr 2018 wegen »Period Poverty« Unterricht versäumt haben.

Hochgerechnet auf ein Frauenleben, so schrieb die britische »Huffington Post«, können um die 21 000 Euro für Hygieneartikel zusammenkommen. Das ist viel Geld. Spätestens jetzt wusste Amika: Sie hatte sich einem Thema von großer gesellschaftspolitischer Brisanz und Tragweite verschrieben.

Um ihrem Anliegen Nachdruck zu verleihen, startete sie im Frühjahr 2017 die Petition #freeperiods und wandte sich an die Regierung, um eine landesweite Finanzierung von Hygieneartikeln an Schulen durchzusetzen. Nach wenigen Wochen hatte sie 2000 Unterschriften beisammen. Am Ende war die Petition mit fast 280 000 Unterstützer*innen erfolgreich. Im Dezember 2017 initiierte Amika außerdem eine Demonstration. Mehr als 2000 Menschen schlossen sich ihrem Protest an, darunter auch etliche Jungs. Sie trugen rote Schals, Mützen, Jacken, T-Shirts, denn Rot ist eine schöne Farbe. Und sie zeigten: Die Periode geht alle etwas an – Mädchen, Frauen, Männer, Jungs.

Denn auch das war Amika inzwischen klar geworden: Menstruation ist kein Geheimnis, der Glaube, dass der Klapperstorch die Kinder bringt, ist Schnee von gestern, und trotzdem gilt die Menstruation in einigen Gesellschaften, Kulturen und Religionen bis heute als schmutzig. Darüber spricht man nicht. Doch manchmal muss man einem Tabu im wahrsten Sinne des Wortes zu Leibe rücken. Amika formulierte das so:

»Wir sollten aufhören, nur noch zu flüstern, wenn wir über Menstruation sprechen. Wir sollten lernen, so offen und normal darüber zu reden, als würden wir erzählen, was wir am Vortag zu Mittag gegessen haben.«[24]

Wer flüstert, lügt, sagt ein Sprichwort. Für Amikas Engagement gilt: Wer flüstert, unterstützt Verhältnisse, die im Extremfall dazu führen, dass Frauen während ihrer Periode aus der Gemeinschaft ausgeschlossen werden und beispielsweise abgesondert unter freiem Himmel schlafen müssen. Wer flüstert, ist mitverantwortlich dafür, dass einige Mädchen mit Beginn ihrer Periode komplett vom Schulunterricht ausgeschlossen werden.

Wer flüstert, verhindert nichts.

Wer flüstert, verändert nichts.

Und so fing Amika an, ihre Stimme zu erheben – zum Beispiel anlässlich ihres »TEDx Talks« im November 2017. Sie vernetzte sich mit anderen jungen Frauen, um Erfahrungen auszutauschen. Sie interviewte die Bildungs-Aktivistin Malala Yousafzai. Amika fragte nach, hörte zu, bat um die absurdesten Anekdoten und schrägsten Vorurteile, mit denen sich Mädchen im Zusammenhang mit der Menstruation konfrontiert sahen. Ihre eigene Lieblingsgeschichte geht so: Frauen, die ihre Blutung haben, sollen auf keinen Fall zelten, denn der Geruch des Blutes könnte Bären anlocken. Im Ernst? Ja. Amika erntet mit solchen Geschichten heute Lacher. Lachen ist eben oft die beste Medizin. Doch zugleich ist es ein Gelächter der Ungläubigkeit und der Verunsicherung, das zeigt: Es ist bitter nötig, mit dem Thema Menstruation selbstbewusst umzugehen.

Längst geht es also bei »Free Periods« auch um die grundsätzlichen Rechte von Frauen. Mehr noch: Der kostenlose Zugang zu Hygieneartikeln, so brachte Amika es auf den Punkt, ist ein Menschenrecht. Wer im Schnitt einmal im Monat eine Woche Schule versäumt, wird automatisch abgehängt. Das muss sich ändern. Damit steht »Free Periods« für Bildungsgerechtigkeit, Chancengleichheit und für ein zeitgemäßes Selbstbild von Frauen.

Aus der emotional betroffenen Schülerin ist eine überzeugte Feministin geworden. Die ist sich sicher, dass, wenn Männer die Periode hätten, Hygieneartikel steuerfrei oder ganz umsonst zu haben wären. Das zu erreichen ist weiterhin Amikas Ziel. Darum unterstützen sie und »Free Periods« Organisationen

wie das »Red Box Projekt«, das sich ebenfalls für kostenlose Hygieneartikel einsetzt, oder die Aktivistinnen von »Pink Protest«.

Für ihr Engagement wurde Amika 2018 mit dem »Goalkeepers Award der Bill & Melinda Gates-Stiftung« in Verbindung mit den Vereinten Nationen ausgezeichnet und mehrfach vom »Time Magazine« als eine der einflussreichsten 25 Jugendlichen der Welt genannt.

Außerdem errang Amika, die mittlerweile in Cambridge Geschichte studiert, einen entscheidenden politischen Sieg: Nach dem Vorbild Schottlands stellt auch England seit dem 20. Januar 2020 an allen staatlichen Schulen und Hochschulen kostenlos Hygieneartikel zur Verfügung.

Doch immer noch sind Hunderte Millionen Mädchen weltweit von »Period Poverty« betroffen. Darum schreibt Amika weiter Artikel, etwa für den »Guardian«, sie sitzt in Talkshows, sie steht auf Bühnen und spricht über Menstruation und die Folgen von »Period Poverty«. Charmant, unverkrampft, mit großem Selbstverständnis und Selbstbewusstsein macht sie sich stark für Mädchen und Frauen, die nicht selbst für sich einstehen und schon gar nicht aufstehen können. Dafür nutzt Amika alle ihr zur Verfügung stehenden Kanäle. Sie sagt:

»Wir sind in einem digitalisierten Zeitalter aufgewachsen und haben erkannt, dass man als Teenager politische Veränderungen auslösen und Auswirkungen auf die Welt haben kann. [...] Es gibt überall auf der Welt Beispiele junger Menschen, die für Dinge eintreten, an die sie glauben. Ich denke, das wird definitiv so weitergehen.«[25]

Der Protest einer 17-Jährigen hat zu politischer Veränderung geführt. Amika ist zur Fürsprecherin einer ganz eigenen Frauenbewegung und zum Vorbild für eine aufgeklärte Gesellschaft geworden. Die flüstert nicht mehr hinter vorgehaltener Hand über »Period Poverty«, sondern spricht aus, was in die Mitte der Gesellschaft gehört, damit alle es hören: Menstruation ist etwas ganz Natürliches. Rot ist eine schöne Farbe. Armut und »Period Poverty« dürfen kein Grund mehr sein dafür, dass Mädchen und Frauen in ihrer Entwicklung ausgebremst werden. Das sollte die Welt sich leisten.

AMIKA GEORGE war 17, als sie die Petition #freeperiods startete, um an englischen Schulen die kostenlose Ausgabe von Binden und Tampons durchzusetzen. Daraus ist eine Kampagne entstanden mit dem Ziel, weltweit an Schulen und Hochschulen Hygieneartikel gratis zu verteilen. Denn »Free Periods« ist auch eine Frage der Frauenrechte. Und der Bildungsgerechtigkeit.

XIUHTEZCATL MARTINEZ
UMWELT-AKTIVIST

>> Junge Menschen sind bereit, ihre Kunst, ihre Poesie, ihre Musik zu nutzen, um sich auf die Welt einzulassen und die Dinge in die Hand zu nehmen. Denn natürlich sind wir irgendwie die Generation der Zukunft: Aber wir sind auch schon hier – und wir werden nicht warten, um unsere Welt entscheidend zu verändern.[26] <<

Xiuhtezcatl Martinez liebt die Natur. Dass irgendetwas ganz und gar nicht in Ordnung ist, bemerkte er früh: Schon als kleines Kind fiel ihm auf, dass die Menschen nicht gut mit der Erde umgehen und sie zerstören. Für den Jungen war das eine schreckliche Vorstellung, denn er fühlte sich eng mit der Erde verbunden. Seine Mutter sagte in einem Fernsehinterview:

»Ich erinnere mich noch, wie er als kleiner Junge durch den Wald lief, und man konnte diese tiefe Verbundenheit fühlen. Wir haben als Familie auch immer viel darüber gesprochen, was man für die Erde tun kann. Es war wohl diese Kombination.«[27]

Dieses Gefühl hat auch mit Xiuhtezcatls Vorfahren zu tun, vor allem mit denen seines Vaters. Der kommt aus Mexiko, doch eigentlich stammt er von der indigenen Bevölkerung ab. Die hatte seit Generationen in Zentralamerika gelebt, bevor Europäer*innen den Kontinent überfielen, nach langen, brutalen Kämpfen ihre Kolonien aufbauten und vieles von dem, was bisher dort gewesen war, zerstörten oder nach Europa brachten.

Xiuhtezcatl stammt von den Azteken ab. Sein Name erinnert daran. Von Anfang an wuchs er mit seinem kulturellen Erbe auf, mit den Bräuchen und dem speziellen Blick auf die Welt. Dieses kulturelle Erbe gehört zu ihm. Es hat ihn geprägt. Dazu zählt auch die Überzeugung, dass die Erde etwas Heiliges ist. Dass das Leben und die Natur geschützt werden müssen. Denn die Erde ist der Grund allen Lebens, auch der Menschen. Alles ist miteinander verbunden. Deshalb muss man die Natur wertschätzen und bewahren. Schließlich hängen am Ende die eigene Existenz und die der nächsten Generation davon ab.

Kein Wunder, dass Xiuhtezcatl über den Umgang mit der Umwelt in unserer Zeit stolperte. Denn der ist nicht von Respekt geprägt, sondern von Ausbeutung. Den Jungen machte das wütend. Er wollte etwas ändern. Und so setzte er sich bereits mit sechs Jahren das erste Mal auf einer Bühne für einen besseren Umgang mit Natur und Umwelt ein. Er wollte die Menschen wachrütteln. Er wollte seinem Publikum sagen, wie er sich angesichts des Zustands der Erde fühlt, und die Erwachsenen zur Verantwortung ziehen.

Da stand er nun, in einem beigen Hemd und einer verwaschenen Jeans, die langen schwarzen Haare hingen ihm bis über die Schultern. Für den Mikrofonständer war er noch zu klein, er musste das Mikro zu sich herunterziehen. An seiner Energie und seinem Selbstbewusstsein änderte das nichts. In der Sprache seiner aztekischen Vorfahren dankte er den Elementen Wasser, Erde, Feuer, Luft, denn sie geben den Menschen Leben. Immer wieder wurde der Junge von Applaus unterbrochen. Im Publikum saßen Erwachsene und Kinder.

Als er fünf Jahre gewesen sei, erzählte er, habe er die Fabriken der großen Konzerne schließen wollen, weil die seiner Meinung nach verantwortlich seien für die Ausbeutung der Erde. Doch heute, am Tag seines ersten öffentlichen Auftritts, wolle er lieber auf die kleinen Dinge hinweisen, die jeder Mensch tun könne, um die Erde ein wenig zu schützen. Er schlug vor, nicht die Produkte der großen Konzerne zu kaufen, regte an, das Licht auszuschalten, wenn man nicht im Zimmer ist, oder das Wasser nicht laufen zu lassen.

»Zusammen können wir es schaffen[28]«, sagte er am Ende.

War Xiuhtezcatl also schon mit sechs Jahren ein Aktivist? In einem Buch, das er später geschrieben hat, erinnert er sich, dass es ihm nicht wirklich darum ging, ein Aktivist zu sein, sondern darum, den Menschen von seinen Sorgen zu berichten. Und dennoch: Eigentlich hat Xiuhtezcatl die Bühne nicht mehr verlassen und für den Schutz der Umwelt immer weitergekämpft. Sein unermüdlicher Einsatz hat aber noch einen anderen Grund: Zum Erbe seines Vaters kommt das Engagement seiner Mutter dazu, das Xiuhtezcatl bei seinem Kampf hilft. Auch sie betreibt aktiv Umweltschutz. 1992 hat sie die Organisation »Earth Guardians« mitgegründet, bei der ihr Sohn heute eine Hauptrolle spielt. Übersetzt bedeutet der Name so viel wie »Erdenwächter«, und genau darauf kommt es an.

Die Initiative will Umweltbewusstsein fördern und Jugendliche auf der ganzen Welt ermutigen, selbst in der Klima- und Umweltbewegung aktiv zu werden und für soziale Gerechtigkeit einzutreten. Der Kreativität sind dabei keine Grenzen gesetzt: Ob Kunstprojekte, Musik oder ziviles Engagement – es geht darum, sich für eine Welt einzusetzen, in der wir nachhaltiger mit der Natur umgehen.

Und es geht darum, das Denken der Menschen zu verändern.

Inzwischen ist Xiuhtezcatl Jugenddirektor der »Earth Guardians«. Gleichzeitig setzt er sich weiterhin für die Umwelt ein, wo immer es geht – so, wie er es schon als Kind getan hat. Damals machte er sich dafür stark, dass in Parks keine Pestizide mehr benutzt werden, oder er kämpfte gegen das sogenannte Fracking. Dabei wird unter Hochdruck mit Chemikalien versetzte Flüssigkeit in den Boden gepumpt, um an Erdöl und Erdgas zu kommen. Kritiker*innen des Fracking vermuten, dass es womöglich das Grundwasser vergiftet, ganz sicher zerstört Fracking den Boden. Der ist danach von Rissen durchzogen. Das wird in Kauf genommen, um Energie zu gewinnen. Und um Geld zu machen, viel Geld – zumindest für eine Handvoll Menschen.

Auch damit fand Xiuhtezcatl sich nicht ab, einmal mehr wusste er, wovon er sprach. In Colorado, dem Bundesstaat der USA, in dem er aufgewachsen ist, wird viel Fracking betrieben. Die Folgen sind unübersehbar. Fotos zeigen die mächtigen, schneebedeckten Gipfel der Rocky Mountains, klare Seen und Wälder: eine Landschaft wie aus dem Bilderbuch. Doch es gibt auch andere Bilder. Ölfördertürme ragen aus einer kargen Landschaft, die Gebiete sind abgezäunt und mit Warnschildern versehen. Manchmal findet Fracking sogar in der Nähe von Wohngebieten oder Spielplätzen statt.

Xiuhtezcatl wollte, dass das aufhört. Er führte Demonstrationen an, heizte den Teilnehmer*innen ein – und sorgte sogar ein paarmal dafür, dass das Fracking gestoppt wurde.

XIUHTEZCATL MARTINEZ wurde am 9. Mai 2000 in den Vereinigten Staaten von Amerika geboren. Schon mit sechs Jahren stand er das erste Mal auf einer Bühne, um seine Mitmenschen darauf hinzuweisen, wie wichtig es ist, die Umwelt zu schützen. Seither organisiert er Klimaproteste und hat 2015 sogar die Regierung der USA verklagt. Und nebenbei ist er auch noch Hip-Hopper.

Doch mit seinem Engagement machte er sich mächtige Feinde. In einem Dokumentarfilm über ihn erinnert er sich, wie seine Familie von der Öl- und Gasindustrie bedroht worden sei. Seine Mutter ließ ihren Sohn daraufhin eine Zeit lang nicht mehr allein von der Schule nach Hause gehen.

Trotzdem hörte Xiuhtezcatl nicht auf zu protestieren. Er klärte seine Mitmenschen auf, und er nutzte jede Möglichkeit für seinen Kampf. Der vorläufige Höhepunkt: 2015 verklagten er und 20 andere Jugendliche die Regierung der USA. Die 21 jungen Menschen warfen den Mächtigen ihres Landes vor, nichts gegen die Zerstörung der Erde unternommen, sondern sie sogar befördert zu haben. Damit werde das Recht junger Menschen auf Freiheit und Leben missachtet. Auf gerichtlichem Wege forderten die Kläger*innen von der Regierung, Maßnahmen zu ergreifen, um Treibhausgas-Emissionen zu reduzieren.

Anfang 2020, nach fast fünf Jahren, verloren die Jugendlichen vor Gericht. Doch in der Urteilsbegründung wurde ausdrücklich darauf hingewiesen, dass die gewählten Politiker*innen eine moralische Verantwortung hätten. Sie sollten endlich nach Lösungen für die Klimakrise suchen und handeln.

Xiuhtezcatls Engagement und Durchhaltevermögen haben ihn zu einem bekannten Umwelt-Aktivisten gemacht. Das Leben eines normalen Jugendlichen führte er schon längst nicht mehr. Sein Alltag war durchgetaktet. Die viele Aufmerksamkeit, die vielen Erwartungen von allen Seiten – das war nicht immer

ganz leicht. So machte Xiuhtezcatl zum Beispiel einmal bei einer Werbekampagne von »H & M« mit, bei der es um nachhaltige Mode ging. Von anderen Aktivist*innen wurde er dafür mitunter angefeindet.

Xiuhtezcatl reiste um die Welt, um sich selbst ein Bild vom Ernst der Lage zu machen. Er hielt Vorträge, trat in Talkshows auf – und war dann immer wieder der jüngste Gast aller Zeiten. Seine Bekanntheit nutzte er auch, um seine Altersgenoss*innen für die Rettung der Erde zu begeistern.

Bei Instagram hat er um die 94 000 Follower. Umweltschutz, so seine Botschaft, ist eine Frage, die uns alle angeht. Und sie ist auch eine soziale Frage, eine Frage der Ungleichheit. In einem Zeitungsartikel schrieb er:

»Jeder Teil der Klimakrise – von der Gewinnung, der Verarbeitung und dem Transport fossiler Brennstoffe bis zu den katastrophalen Wetterextremen, die die Erde zerstören – betrifft die armen, nichtweißen Communities besonders.«[29]

Als Nachfahre der Azteken identifizierte er sich mit ihnen – und macht bis heute immer wieder deutlich, wie viel seine Kultur und die indigenen Gemeinschaften zur Lösung der Klimakrise beitragen können:

»Indigene Gemeinschaften geben das Wissen und die Weisheit, wie man im Einklang mit dem Planeten, mit der Natur leben kann, seit Generationen weiter. Für uns geht es also nicht nur darum, als Opfer anerkannt zu werden, sondern auch als ernsthafter Teil des Gesprächs darüber, wie wir das durchstehen, wie wir die Zukunft, von der wir wissen, dass sie möglich ist, gestalten können. Deswegen müssen indigene Gemeinschaften viel besser repräsentiert werden.«[30]

Xiuhtezcatl erkannte außerdem, dass es bei der Klimakrise immer auch um Ungerechtigkeit geht. Und so stand die Frage der Klimagerechtigkeit im Zentrum seiner Rede vor den Vereinten Nationen im Jahr 2015, demselben Jahr, in dem er die US-Regierung verklagte. Das Video seines Auftritts haben bei Youtube schon mehr als eine Million Menschen gesehen. Xiuhtezcatl sagte:

»Der Klimawandel ist eine Frage der Menschenrechte. Er betrifft besonders Entwicklungsländer. Frauen, Kinder und **People of Color** mehr als alle anderen. [...] Worum es gerade geht?«, fragt der 14-Jährige die mächtigen Erwachsenen weiter. »Um die Existenz meiner Generation.«

Und er beendete seinen Vortrag:

»Ich will nicht, dass ihr für uns aufsteht, ich möchte, dass ihr mit uns aufsteht. Denn zusammen können wir die Welt verändern. Das wird nicht leicht sein, aber es ist unsere Verantwortung. Wir schulden es den zukünftigen Generationen.«[31]

Noch immer ist Xiuhtezcatl der mit den langen schwarzen Haaren. Er ist der, der den Erwachsenen öffentlich die Meinung sagt – und ihnen doch die Hand reicht.

Die Bühne und Xiuhtezcatl – das passt gut zusammen. Darum macht er zu allem anderen dazu auch noch Musik, genauer: Hip-Hop. Als »Xiuhtezcatl« geht er auf Tour und rappt über die Themen, die ihn beschäftigen.

In seinem Song »Broken«[32] heißt es:

»I believe that the world can be more
than what it is
I believe all the loss we've felt will teach
us how to give
I look back at our ancestors and how
they used to live
In balance with the planet, that's how
we've got to live
With love being the compass that guides
the way
Leads us home
I believe the brighter days are on their
way
We've gotta hope.«

Auf Deutsch bedeutet das:

»Ich glaube, die Welt kann mehr sein,
als sie ist
Ich glaube, all die Verluste, die wir verspürt haben, werden uns lehren, wie
man gibt
Ich blicke zurück auf unsere Vorfahren
und wie sie einst gelebt haben
Im Einklang mit dem Planeten, so
müssen wir leben
Mit der Liebe als Kompass, der uns den
Weg weist
Und uns nach Hause führt
Ich glaube, die helleren Tage stehen
bevor
Wir müssen hoffen.«

Das hat Xiuhtezcatl Martinez schon als Kind gewusst.

MALALA YOUSAFZAI
BILDUNGS-AKTIVISTIN

>> Ein Kind, ein Lehrer, ein Buch und ein Stift können die Welt verändern.[33] <<

Ein kleines Mädchen im rosa Kleid mit umgehängtem Täschchen sitzt auf einer Decke und lacht in die Kamera. Es ist Malala Yousafzai. Auf einem anderen Kinderfoto ist sie im Hof des Familienhauses in Mingora zu sehen. Um sie herum: ihr Vater, ihre Mutter und ihre beiden jüngeren Brüder.

Es war eine glückliche Kindheit, immer sei jemand zu Besuch gewesen, Verwandtschaft, Nachbar*innen, Freund*innen, erinnert sich Malala. Und natürlich hat sie, wie sich das gehört, mit ihren Brüdern gestritten und mit ihren Brüdern gespielt: Fangen, Verstecken, Kricket, Federball oder Himmel und Hölle im Hof.

Rosa blieb Malalas Lieblingsfarbe.

Alles ganz normal eben.

Alles ganz anders als normal.

Denn was Malala erst viel später begreift, ist: Sie lebt ganz anders als die meisten anderen Mädchen im Swat-Tal. Das ist die Gegend Pakistans, aus der Malalas Familie stammt.

Dass andere Mädchen so anders groß werden, liegt an der Tradition, der Kultur und der Religion des Landes. Hier, in der paschtunischen Gesellschaft, sind die Rollen klar verteilt: Männer haben das Sagen, sie sorgen für den Lebensunterhalt und den Schutz der Familien. Frauen versorgen die Familie, machen den Haushalt, ziehen die Kinder groß. Sie dienen den Männern. Viele Mädchen werden jung verheiratet, manchmal sind sie noch keine zehn Jahre alt. Wozu also sollen sie überhaupt zur Schule gehen?, fragen viele Erwachsene. Diese Haltung ist die Ursache dafür, dass gerade in den ländlichen Regionen viele junge Frauen und die meisten Frauen der älteren Generation weder lesen noch schreiben oder rechnen können. Malalas Mutter hat es ebenfalls nicht gelernt. Umso bemerkenswerter, dass sie ihre einzige Tochter auf deren ganz anderem Weg unterstützt.

Bereits als kleines Mädchen drückt Malala sich vor der Hausarbeit, wo sie nur kann, und lauscht lieber den Gesprächen und politischen Diskussionen der Männer. Das findet sie viel interessanter. Niemand verbietet es ihr. Weder ihre Mutter noch ihr Vater bremsen sie in ihrer Wissbegierde. Im Gegenteil. Malalas Vater leitet in Mingora eine Schule:

Zur »Kushal«-Schule gehören eine Grundschule und zwei weiterführende Schulen – eine für Jungs und, was ungewöhnlich ist, eine für Mädchen. Schon als kleines Kind, noch bevor sie überhaupt sprechen konnte, soll Malala dort in einem leeren Klassenzimmer Lehrerin gespielt haben. So erzählen es die Eltern. Für sie ist es selbstverständlich, dass ihre Tochter zur Schule gehen und lernen darf. Für Malala wiederum ist es selbstverständlich, dass sie mit großem Fleiß lernt und alles daransetzt, Klassenbeste zu sein.

Es gelingt ihr (fast) immer.

So hätte es weitergehen können. Dann wäre Malala ihrem damaligen Traum folgend eines Tages vielleicht Ärztin geworden.

Doch es kommt ganz anders.

2007 erlangen die Taliban immer mehr Macht in Pakistan. Diese Gruppe radikaler Islamisten wollen einen Gottesstaat errichten. Ihre Hochburg wird das Swat-Tal. Die Verhaltensregeln werden noch strenger. Verboten ist, was Spaß macht: Musik hören, ins Kino gehen, tanzen. Männer sollen nicht mehr rauchen und täglich beten. Mädchen und Frauen sollen das Haus möglichst nicht mehr verlassen, und wenn, dann müssen sie sich verschleiern. Eine andere der neu erlassenen Regeln lautet: Mädchen sollen nicht mehr zur Schule gehen.

Die Taliban schüchtern die Menschen ein. Allein im Jahr 2008 greifen sie 200 Schulen an. Aber noch besuchen Malala und ihre Mitschülerinnen den Unterricht. Dort werden sie von ihrer Lehrerin ermutigt, Aufsätze und Reden zu schreiben, um sich auf diese Weise mit dem Terror der Taliban und deren Angriff auf Bildungsfreiheit auseinanderzusetzen. Vielleicht sollen sie sich auch etwas von der eigenen Angst von der Seele schreiben. Denn die Angst ist riesengroß.

Als das Kamerateam eines Lokalsenders in die Schule kommt, äußert sich Malala zum ersten Mal öffentlich. Sie sagt:

»Wir leben nicht mehr in der Steinzeit. Aber unser Land geht rückwärts. Wir Mädchen werden in unseren Rechten eingeschränkt.«[34]

Das ist der Anfang. Als am 15. Januar 2009 auf Befehl der Taliban alle Mädchenschulen im Swat-Tal geschlossen werden und ein BBC-Korrespondent eine Schülerin sucht, die von ihrem Alltag unter dem Regime der Taliban berichtet, übernimmt Malala diese Aufgabe. Zu diesem Zeitpunkt ist sie elf Jahre alt. Damit niemand ihre wahre Identität erfährt, nennt sie sich »Gul Makai«, das heißt übersetzt »Kornblume«. Ihr erster Blogeintrag erscheint am 3. Januar 2009. Der Titel: »Ich habe Angst.«[35]

Zehn Wochen, von Januar bis März 2009, berichtet Malala in ihrem Internet-Tagebuch für die BBC, wie die Taliban die Menschen unterdrücken. Sie schreibt davon, wie sie ihr verbieten wollen, zur Schule zu gehen, und wie sie gezwungen werden soll, eine Burka zu tragen. Ihr rosa Lieblingskleid darf sie nicht mehr anziehen. Malala beschreibt die leer gefegten Straßen, ausgestorbene Bazars und die Angst der Menschen. Sie wagt das Undenkbare und fordert öffentlich ihr Recht auf Bildung ein.

In dieser Zeit gehören ihre Blogeinträge zu den wenigen Augenzeugenberichten. Hunderttausende lesen sie.

Malala hat ihre Stimme gefunden. Sie erzählt der Welt, was im Swat-Tal passiert. Auch dann, als ihr Pseudonym enttarnt wird und sie Morddrohungen bekommt. Obwohl sie erlebt, wie Menschen auf offener Straße ausgepeitscht werden, und sie öffentliche Hinrichtungen, Selbstmordattentate, Bomben- und Drohnenangriffe mitbekommt, als die pakistanische Armee gegen die Taliban vorgeht, macht Malala weiter. Sie gibt Interviews, meldet sich freiwillig für eine Reportage der »New York Times«, tritt in Fernsehshows und bei zahlreichen Veranstaltungen auf, hält Reden und nutzt jede Gelegenheit, um sich öffentlich für die Rechte von Mädchen starkzumachen. Vor allem für deren Recht auf Bildung. Sie spricht mit allen, die ihr zuhören. Malala leiht denen ihre Stimme, die nicht für sich selbst sprechen können, und tritt für Frieden und das Recht aller Kinder auf Bildung ein.

Für dieses Engagement wird Malala mit vielen Preisen ausgezeichnet. Unter anderem wird sie 2011 für den »Internationalen Kinder-Friedenspreis« nominiert und erhält im selben Jahr den ersten »Nationalen Friedenspreis« Pakistans, der fortan jährlich verliehen und »Malala-Friedenspreis« genannt wird. 2012 ernennt das »Time Magazine« sie zur zweitwichtigsten Person des Jahres. Direkt hinter dem damaligen US-amerikanischen Präsidenten Barack Obama.

MALALA YOUSAFZAI wurde am 12. Juli 1997 im Swat-Tal in Pakistan geboren. Mit elf Jahren schrieb sie für die BBC einen Blog über den Alltag unter dem Regime der Taliban. Fortan machte sie sich für die Rechte von Mädchen stark, vor allem für deren Recht auf Bildung. Einen Mordversuch der Taliban am 9. Oktober 2012 überlebte sie schwer verletzt. Am 10. Oktober 2014 wurde sie als mit Abstand jüngste Preisträgerin mit dem »Friedensnobelpreis« geehrt.

2013 wird Malala mit dem »Sacharow-Preis für geistige Freiheit« ausgezeichnet – es ist der höchste europäische Menschenrechts-Preis. Amnesty International ernennt sie zur »Botschafterin des Gewissens«.

Malala möchte nun nicht mehr Ärztin werden, sondern Politikerin. Mit den Preisgeldern will sie Kindern in Not helfen. Im Dezember 2012 gründen die UNESCO und Pakistan den »Malala-Fonds«. Die Mission: Kein Kind soll mehr auf der Straße leben, auf Müllbergen im Dreck stochern und Abfall sortieren oder andere Kinderarbeit leisten müssen.

Und: Jedes Mädchen im Swat-Tal soll zur Schule gehen können.

Auch Malalas Mutter lernt inzwischen Lesen und Schreiben und nimmt Unterricht in Englisch. Manchmal pauken Mutter und Tochter am Abend gemeinsam Vokabeln.

Doch je berühmter Malala wird, desto gefährlicher wird ihr Einsatz. Und das, obwohl die pakistanische Regierung im Juli 2009 die Befreiung des Swat-Tals von den Taliban erklärt hat.

Drei Jahre später, am 9. Oktober 2012, schießt ein Taliban-Kämpfer Malala in den Kopf. Sie ist auf dem Heimweg von der Schule. Zwei ihrer Mitschülerinnen werden ebenfalls verletzt. In ihrer Lebensgeschichte schreibt Malala:

»Es war heiß und stickig, während der Bus durch die vom Feierabendverkehr überfüllten Straßen von Mingora holperte. [...] Ich erinnere mich nicht daran, dass ein junger Mann uns anhielt und den Fahrer fragte, ob dies der Bus der Khushal-Schule sei. Ich erinnere mich nicht daran, dass der andere Mann hinten auf die Ladeklappe sprang und sich zu uns hereinbeugte. Ich hörte ihn niemals fragen: ›Wer ist Malala?‹ Und ich hörte nicht das knack, knack, knack der drei Patronen. Ich erinnere mich nur noch, dass ich an die Klassenarbeit am nächsten Tag dachte. Danach wurde alles schwarz.«[36]

Malala verliert beinahe ihr Leben. Sie wird zur Behandlung ins britische Bir-

SCHULBILDUNG FÜR JEDES MÄDCHEN!

mingham geflogen. Sie liegt im Koma, kann nicht mehr richtig sehen und fast nichts hören. Sie muss sich zahllosen Operationen unterziehen. Ihre Eltern und ihre beiden jüngeren Brüder folgen ihr nach Großbritannien. Zusammen leben sie nun im Exil. Die Taliban bedrohen Malala weiterhin: Wenn sie nach Pakistan zurückkehren würde, würden sie sie umbringen. Seitdem sehnt sie sich nach ihrer Heimat, und als sie im März 2018, fünfeinhalb Jahre nach dem Attentat, für einen kurzen Besuch endlich nach Pakistan reisen kann, wird das nur unter schwersten Sicherheitsvorkehrungen möglich sein.

Doch zunächst beginnt in Birmingham für Malala ihr, wie sie sagt, zweites Leben. Sie geht zur Schule und ist weiterhin weltweit als Aktivistin unterwegs.
An ihrem 16. Geburtstag, am 12. Juli 2013, hält sie eine Rede vor den Vereinten Nationen in New York. Vor fast tausend Menschen aus über hundert Ländern macht sie mit ihrer hellen, klaren Stimme deutlich:

»Am 9. Oktober 2012 haben die Taliban auf mich geschossen und meine linke Stirn getroffen. Auch auf meine Freundinnen haben sie geschossen. Sie haben gedacht, dass die Kugeln uns zum Schweigen bringen würden, aber sie sind gescheitert. Denn aus der Stille kamen Tausende Stimmen. Die Terroristen dachten, sie könnten meine Ziele verändern und meinen Ehrgeiz stoppen. Aber in meinem Leben hat sich nichts verändert mit einer Ausnahme: Schwäche, Angst und Hoffnungslosigkeit sind verschwunden, Stärke, Kraft und Mut sind geboren.«[37]

Die Vereinten Nationen ernennen den Tag zum »Malala Day«. Künftig soll er jedes Jahr an das Recht aller Kinder und besonders an das Recht von Mädchen auf Bildung erinnern. Mit den Geldern der »Malala-Stiftung«, die sie 2013 ins Leben gerufen hat, wird in ihrer alten Heimat, nordöstlich von Mingora, eine Mädchenschule erbaut und im März 2014 eröffnet. Im Juli 2014, inzwischen feiert sie ihren 17. Geburtstag, besucht sie in Nigeria Eltern der von der radikalen Terrorgruppe Boko Haram entführten Mädchen. An ihrem 18. Geburtstag eröffnet sie eine Schule für syrische Flüchtlingsmädchen im Libanon. Sie sagt:

»Heute, an meinem ersten Tag als Erwachsene, appelliere ich an die Führer der Welt: Kauft Bücher, nicht Waffen.«[38]

2014 erhält Malala den »Friedensnobelpreis« und wird zur jüngsten Preisträgerin der Geschichte. Im Jahr 2017 wird sie zur UN-Friedensbotschafterin ernannt. Wieder ist sie weltweit die Jüngste.

Und heute? Heute studiert Malala an der Universität von Oxford Philosophie, Politik und Wirtschaft und kämpft weiter für die Millionen Kinder weltweit, die nicht zur Schule gehen können. Mit ihrem Mut beeindruckt sie Menschen auf der ganzen Welt, berühmte Staatsmänner und -frauen wie Königin Elisabeth II. oder Barack Obama treffen sich mit der jungen Bildungs-Aktivistin. Und sie steckt andere Menschen an, für ihre eigenen Rechte einzustehen und die eigenen Träume nicht aufzugeben.

Der von Malala geht so: Eines Tages möchte sie nach Pakistan zurückkehren und Premierministerin werden.

In ihrer Rede vor den Vereinten Nationen 2013 sagte sie:

»Ich will nicht, dass man mich als ›das Mädchen, dem die Taliban in den Kopf geschossen haben‹ sieht, sondern als ›das Mädchen, das für Bildung kämpft‹.«[39]

Nach dem Attentat der Taliban musste Malala wieder richtig schreiben und sprechen lernen. Weil einige Nerven ihrer linken Gesichtshälfte gelähmt blieben, verbarg sie ihr halbes Lächeln hinter vorgehaltener Hand.

Mundtot machen ließ Malala Yousafzai sich nicht.

BOYAN SLAT
UMWELT-AKTIVIST UND ERFINDER

>> **Ich glaube, viele Menschen sehen Innovation als eine Möglichkeit, um reich zu werden. Nicht so sehr als einen Weg, die Welt zu einem besseren Ort zu machen oder die Menschheit zu bereichern.**[40] <<

Manchmal sind es Zufälle, die einem den Floh einer ganz großen Idee ins Ohr setzen. Manchmal fliegt einen eine Vision einfach an. Bei Boyan Slat müsste man sagen: Sie schwimmt einen an.

Als Boyan 16 Jahre alt war, machte er Urlaub in Griechenland und ging dort einem seiner Hobbys nach: dem Tauchen. Doch was er unter Wasser sah, erschreckte ihn. Im Wasser trieben mehr Plastiktüten als Fische schwammen. Wieso können wir das nicht wegräumen?, fragte er sich.

Der Gedanke an all das Plastik im Meer ließ ihn nicht mehr los. Da traf es sich besonders gut, dass Boyan nicht nur ein begeisterter Taucher war, sondern auch ein ziemlich passionierter Tüftler: Mit zwei Jahren baute er einen kleinen Holzstuhl, später waren es Baumhäuser und Seilrutschen. In einem Artikel im »New Yorker« erinnert sich seine Mutter, dass Boyan sich schon in jungen Jahren wie ein Erwachsener verhielt und lieber zu Messen für Bastler*innen ging als in Freizeitparks. Manchmal machte Boyan das ein bisschen einsam. Im Sportunterricht sei er nicht als Letzter, sondern überhaupt nicht in eine Mannschaft gewählt worden, erinnerte er sich einige Jahre später. Irgendwann wechselte er die Schule – und traf Freund*innen, die ebenfalls Bastler*innen und Erfinder*innen waren. Auch Boyan forschte weiter: Mit 14 Jahren fand er Raketen spannend und vertiefte sich in die Materie. Aus alten Wasserflaschen baute er stattliche 213 Raketen – und ließ sie gleichzeitig starten. Ein Weltrekord.

Von sich sagte Boyan einmal:

»Ich glaube, ich habe eine ziemlich besessene Persönlichkeit. Wenn ich einmal eine Idee habe, ist das alles, woran ich denken kann. Und es macht mir nichts aus, mich damit Tag und Nacht zu befassen.«[41]

Mit dieser Einstellung muss er auch aus seinem Griechenland-Urlaub zurückgekehrt sein. Denn er machte den Plastikmüll in den Ozeanen und die Frage, was man dagegen unternehmen kann, zum Thema eines großen Schulprojektes. Er war damit einem riesigen Problem auf der Spur.

Es ist nicht ohne Weiteres möglich, genaue Zahlen zum Plastikmüll in den Weltmeeren zu finden. Auch, weil nicht alles Plastik an der Wasseroberfläche schwimmt, und die Meere so groß sind, dass es schwer ist, den Überblick zu bewahren. Aber es gibt Schätzungen. Die Umweltorganisation WWF schreibt in einer Infobroschüre von 2017, dass pro Jahr zwischen fünf und zwölf Millionen Tonnen Plastikmüll im Meer landen. Insgesamt sollen es etwa 150 Millionen Tonnen Kunststoff sein. Andere Schätzungen gehen von etwas über 80 Millionen Tonnen aus. Dabei handelt es sich um Autoreifen, Fischernetze, Plastikflaschen, Kanister oder Verpackungen. Weil Plastik nicht einfach verrottet, sondern es sehr lange dauert, bis es abgebaut ist, richtet es in den Meeren großen Schaden an. Tiere verfangen sich in dem Müll oder fressen ihn und sterben daran. Es gibt schreckliche Bilder von toten Vögeln, deren Bäuche voll mit altem Plastik sind. Außerdem wird es durch die Sonne und das Salzwasser immer kleiner und zu sogenanntem Mikroplastik. Das landet dann irgendwann auch wieder im Menschen. Weil wir Fische essen, die Mikroplastik enthalten.

Der Schaden ist also immens. Besonders sichtbar wird das Plastik einerseits an Küsten, wenn alte Flaschen oder Joghurtbecher an den Strand gespült werden. Doch das Problem zeigt sich auch auf dem offenen Meer. Denn hier sammelt sich der Kunststoff und bildet riesige Müllteppiche, oder besser gesagt eine Plastiksuppe.

Fünf solcher Ströme gibt es insgesamt, einer von ihnen heißt »Great Pacific Garbage Patch« und ist viermal so groß wie Deutschland. Hier sammelt sich besonders viel Plastikmüll.

Mit alldem beschäftigte sich Boyan in seinem Schulprojekt und machte eine traurige Erfahrung: Viele Menschen, auch Expert*innen, sagten, es sei unmöglich, die Ozeane vom Plastik zu befreien. Das würde Milliarden Euro kosten und Tausende Jahre dauern.

Damit wollte sich Boyan nicht abfinden. Ganz der Erfinder, entwickelte er eine Vorrichtung: Er wollte eine Barriere bauen, die mitten im Meer wie eine künstliche Küste funktionieren sollte. Das Plastik sollte sich dort sammeln, um leichter von Schiffen wegtransportiert werden zu können. Anschließend sollte der Kunststoff recycelt und verkauft werden.

Im Grunde kann man sich dieses Modell wie einen gigantischen Plastik-Sauger vorstellen. Damit erregte Boyan zumindest etwas Aufmerksamkeit und kam in die Lokalzeitung. Er wurde zu einem Vortrag an die Universität in der niederländischen Stadt Delft eingeladen. Mit einer dunklen Hose, einem etwas zu großen Hemd und seinen wuscheligen Haaren erzählte er von seinen Erfahrungen und Plänen. Ein Video des Vortrags landete im Internet. Doch zunächst sahen sich nicht allzu viele Menschen das Video an.

Boyan studierte inzwischen Luft- und Raumfahrttechnik – seine Vision ließ ihn aber nicht los.

Er unterhielt sich mit Professor*innen, investierte sein Taschengeld in sein Projekt und fragte bei Unternehmen an, ob sie ihn unterstützen würden. Von 300 angeschriebenen Firmen meldete sich nur eine zurück. Boyan aber gab immer noch nicht auf. Er pausierte mit seinem Studium, traf keine Freund*innen mehr und gründete stattdessen eine Organisation, »The Ocean Cleanup«.

Ein Tag im März 2013 änderte alles. Boyan hat das bei einem Vortrag einmal so beschrieben:

»Der 26. März begann wie jeder andere Tag. Doch bald hörte mein Telefon nicht mehr auf zu klingeln. Die Social-Media-Accounts von ›The Ocean Cleanup‹ explodierten, und über mehrere Tage bekam ich über 1500 E-Mails pro Tag.«[42]

Im Internet waren die Menschen auf das Video aufmerksam geworden. Es sorgte für viel Aufregung und die Medien standen Schlange.

Dank der neu gewonnenen Bekanntheit hatte Boyan endlich genügend Geld

beisammen – unter anderem durch Crowdfunding, durch die Unterstützung von Regierungen, aber auch von Firmen und privaten Investor*innen. Es waren mindestens 30 Millionen Euro. Damit konnte er neue Studien in die Wege leiten und weiter an seinem Plastik-Sauger arbeiten. Seine Organisation wuchs – inzwischen arbeiten dort etwa 80 Menschen – und Boyan wurde mit vielen Preisen ausgezeichnet, etwa 2014 mit dem »Champions of the Earth Award« der Vereinten Nationen.

Über die Jahre unternahm Boyan etliche Expeditionen und entnahm dem Meer Plastik-Proben. Das älteste Fundstück war eine Getränkekiste aus den 1970er-Jahren. Boyan experimentierte, erstellte Simulationen am Computer und baute kleinere Modelle seines Plastik-Saugers. Er arbeitete Tag und Nacht, oft sieben Tage die Woche und in besonders stressigen Zeiten auch mal 15 Stunden am Tag. Für ein Privatleben blieb keine Zeit.

Boyan entwickelte seine Vorrichtung immer weiter, doch die Grundidee blieb erhalten: Eine Barriere, eine Art dicker Schlauch, treibt auf dem Wasser wie ein U. Darin sammelt sich das Plastik und wird von Schiffen weggebracht.

Es gibt aber auch Kritik an dem Modell. Manche Expert*innen befürchten, dass sich in der Konstruktion nicht nur Müll, sondern auch Tiere verfangen. Zudem besteht die Sorge, dass die Leute glauben, sie könnten mit ihrem Müll nach wie vor achtlos die Umwelt verschmutzen, frei nach dem Motto: Das kann man ja alles wieder wegsaugen. Und dann gibt es noch den Einwand, dass sich das meiste Plastik ohnehin nicht auf hoher See befindet, sondern auf dem Meeresgrund und an den Küsten.

Manchmal machte die ganze Kritik Boyan traurig, denn sie kam auch von Expert*innen, auf deren Urteil er viel gab und deren Studien er schon zu Schul-

zeiten gelesen hatte. Trotzdem machte er weiter. Natürlich sollte sein Plastik-Sauger nicht dazu führen, dass die Leute noch mehr Müll ins Meer werfen, und natürlich fand er es wichtig, dass auch die Küsten von Plastik gereinigt werden. Was die Tiere anging, war seine Theorie, dass sie unter seinem Gerät hindurchtauchen konnten. Dazu hatte er ebenfalls Studien angefertigt.

Boyan glaubte an die Technologie und daran, dass sie den Menschen hilft, wenn man sie nur für das Richtige einsetzt. Er verstand die Skepsis anderer Menschen gegenüber einem Übermaß an Technologie, doch dass sie dem Planeten am Ende noch mehr Schaden zufüge – diese Ansicht teilte er nicht. Ihn beschäftigte vielmehr die Frage, wie Technologie eingesetzt wird: moralisch vertretbar oder nicht.

2018 war es so weit. Nachdem Boyan und sein Team mit 273 maßstabsgetreuen Modellen experimentiert und sechs Prototypen entwickelt hatten, schickten sie den ersten Plastik-Sauger aufs Meer. Aber wieder musste Boyan eine Niederlage einstecken: Das Einsaugen des Plastiks funktionierte nicht zufriedenstellend, zudem ging das Modell nach einigen Wochen kaputt, bis nach weiteren Experimenten eine überarbeitete Version aufs Wasser entlassen und endlich, im Sommer 2019, ein Erfolg vermeldet werden konnte: Das erste Plastik wurde eingesammelt.

Ob sich die Erfindung tatsächlich bewährt, ist derzeit noch offen. Aber Boyan will es zumindest versucht haben. Mit aller Kraft, denn am besten ist es in seinen Augen, erst einmal mit der größten Lösung anzufangen. Davon kann man lernen, daraus kann man neue Ideen ableiten. Und von denen hat er noch eine ganze Menge. Mindestens genauso wichtig, wie das Plastik aus den Meeren herauszuholen, ist es doch, dafür zu sorgen, dass der ganze Müll gar nicht erst in die Ozeane gelangt. Laut Untersuchungen von »The

---

Beim Tauchen musste BOYAN SLAT feststellen, dass er mehr Plastik als Fische im Meer zu sehen bekam. Er fragte sich: Warum sollte man nichts dagegen unternehmen können? Der Gedanke daran ließ ihn nicht mehr los. Seitdem arbeitet er an der Weiterentwicklung seiner Erfindung: einer Art Plastik-Sauger für die Meere.

Ocean Cleanup« gelangen 80 Prozent allen Plastiks über tausend Flüsse in die Weltmeere. Hier will Boyan ansetzen. Deswegen stellte seine Organisation kürzlich »The Interceptor« vor. Dabei handelt es sich um eine Art Boot, das wie ein großer Müllschlucker funktioniert. Durch die Strömung wird das Plastik in den Schlund gelenkt und dort über ein Förderband in Container transportiert und gesammelt. Sein Plan ist, sich bis 2025 die tausend Flüsse vorzunehmen, über die am meisten Plastik in die Meere gelangt. Dies wäre ein weiteres Teil dessen, was Boyan einmal als ein großes Puzzle bezeichnet hat: die Befreiung des Ozeans vom Plastikmüll. Stück für Stück hin zum eigentlichen Ziel: dass es den Plastik-Sauger von Boyan Slat eines Tages nicht mehr braucht.

ELYSE FOX

AKTIVISTIN FÜR PSYCHISCHE GESUNDHEIT

>> Unser vorrangiges Ziel ist es, einen sicheren Ort für eine offene Diskussion zu schaffen und Mädchen zusammenzubringen, die sich traditionelle Therapien nicht leisten können.[43] <<

Als alles begann, war Elyse Fox sieben oder acht Jahre alt – ein kleines Mädchen. Sie war manchmal so traurig. Sie konnte sich so fürchten. Dann war es, als liege sie in einem dunklen Raum unter einer dicken Decke. Dann saß ihr, wohin auch immer sie ging, ein riesiger schwarzer Schatten auf der Schulter und drückte sie zu Boden. So fühlte es sich zumindest an. Elyse hatte keine Ahnung, wie ihr geschah oder was ihr fehlte. Sie wollte sich nur noch verkriechen. Sie war mit ihrer Verlorenheit ganz allein.

Mit neun bekam sie das erste Mal eine Diagnose und somit ein Wort für das, woran sie litt: Depressionen. Wenn sie auftraten, waren das noch immer schreckliche Zustände, aber dass sie sie benennen konnte, machte das Leben leichter.

Im Laufe der Jahre fand Elyse heraus, was ihr guttat: Yoga, Laufen, Meditieren, gesunde Ernährung. Inzwischen eine junge Frau, richtete sie sich ihre neue Wohnung schön ein, reiste viel und wurde Filmemacherin. Am besten ging es ihr, wenn sie mit anderen Menschen zusammen war. Trotzdem wurde sie immer wieder depressiv.

Schließlich ergriff sie die Flucht nach vorn. Sie machte das, was sie besonders gut konnte: Im schlimmsten Jahr ihres Lebens, wie Elyse es nennt, drehte sie einen kurzen Dokumentarfilm: »Conversations with friends«. Gespräche mit Freunden. Da war sie 26 Jahre alt. Eine junge Frau tritt auf, schlank, schön, mit langen schwarzen Locken, modisch gekleidet. Auf den ersten Blick ist kaum vorstellbar, dass ausgerechnet sie an Depressionen leidet. Aber eine der ersten Einstellungen zeigt ihr Gesicht dreifach, wie zersplittert. Und vielleicht ist das ja ein Bild für das Gefühl, nicht ganz, nicht heil zu sein. Bilder von Wolken, die über den Himmel schweben, wirken beruhigend, doch da sind auch Bilder von Krankenhauszimmern, von verbundenen Handgelenken und geritzten Unterarmen.

Mit ruhiger Stimme berichtet Elyse

von ihren Depressionen. Davon, wie sie sich immer mehr zurückzog und versuchte, sich das Leben zu nehmen, weil sie keinen Ausweg mehr sah.

Der Film war Elyses Medium. Damit konnte sie sich ausdrücken und sich ihren Freund*innen und ihrer Familie anvertrauen. Zugleich war der Film auch ein Medium, um an die Öffentlichkeit zu gehen: Ja, ich habe Depressionen. Es war ein mutiger Schritt. Denn Elyse zeigte sich verletzlich und verletzt. Sie machte sich angreifbar in einer Welt, die den Anschein erweckt, als seien Schönheit, Stärke und Erfolg die alles entscheidenden Währungen.

Dass zum Leben auch Zweifel gehören, dass es manchmal schwer sein kann, passt nicht in dieses Bild.
    Aber Elyse erlebte genau das immer wieder. Sie wusste: Es braucht nicht viel, um sich nicht schön genug zu fühlen, nicht klug genug – einfach: nicht genug.

Mit dieser Erfahrung war sie nicht allein. Das zeigten die überwältigenden Reaktionen auf »Conversations with friends«. Elyse bekam zahllose Zuschriften und Nachrichten von Jugendlichen aus der ganzen Welt, die Selbstzweifel, Einsamkeit und psychische Probleme genauso kannten. Sie fanden sich in dem kurzen Film wieder.
    Elyse fiel auf, dass besonders viele Mädchen zu den Betroffenen gehörten. Sie erinnerte sich daran, wie es ihr als Kind ergangen war, als keiner der Erwachsenen aus ihrem Umfeld ihr hatte helfen können. Darum entschloss sie sich, den »Sad Girls Club«, den »Club der traurigen Mädchen«, ins Leben zu rufen. Sie sagt:

»Ich habe mir den Namen ausgedacht, weil ich einen Club gründen wollte, wie ich ihn mir als Mädchen von sieben oder acht Jahren gewünscht hätte, als ich keine Ahnung hatte, was Depressionen sind. Es ist ein so schweres Wort – ich wollte etwas dagegensetzen, etwas, was unmittelbar weiterhilft, wenn du ein kleines Mädchen bist. Ich habe an die kleine Elyse gedacht und mich gefragt, was sie damals gebraucht hätte, als sie jung und traurig war.«[44]

Im Internet sollte ein sicherer Raum für Mädchen und junge Frauen entstehen. Ein Ort des Austauschs, an dem Betroffene rasch und kompetent Zuspruch und Hilfe bekommen – und zwar gerade die,

die sich eine Therapie nicht leisten können oder viel zu lange auf einen Therapieplatz warten müssen:

»Ich wollte Ressourcen bereitstellen, weil viele der Mädchen, die sich an mich wandten, erst elf, zwölf oder dreizehn Jahre alt waren und wirklich niemanden hatten, mit dem sie sprechen konnten. Deshalb wollte ich eine Plattform schaffen, auf der Mädchen etwas über psychische Gesundheit lernen und der Umgang mit psychischen Erkrankungen normaler wird.«[45]

Im Februar 2017 ging Elyse mit dem »Sad Girls Club« online. Instagram wählte die Internet-Plattform für die Initiative #HereForYou aus, eine Kampagne, die während eines Monats psychische Gesundheit ins Zentrum des öffentlichen Bewusstseins rückte – und damit auch den »Sad Girls Club«.

Dessen Ziel: zu motivieren, aufzuklären, zu helfen, da zu sein. Um diesem Anspruch gerecht zu werden, informierte Elyse über psychische Erkrankungen und psychische Gesundheit, über Selbstfürsorge und Achtsamkeit, sie schrieb aufmunternde Botschaften und kurze Sätze gegen dunkle Tage und dunkle Gefühle. Sie gab Tipps, was man konkret tun kann, und antwortete denen, die sich allein fühlten und allein waren. Alle sollten wissen: Was auch immer passiert – du bist nicht allein. Schon bald hatte der »Sad Girls Club« 35 000 Instagram-Follower.

Elyse richtete außerdem einen Blog ein, auf dem Mitglieder kurze Spotlights posten und von ihren Erfahrungen berichten konnten. Ein Mädchen erzählte, wie sie über Wochen hinweg morgens kaum aus dem Bett gekommen sei, bis sie sich Hilfe bei der Schulpsychologin geholt habe. Eine andere stellte selbst geschriebene Songtexte vor, wieder andere backten zusammen oder drehten einen kleinen Beitrag über den »Sad Girls Club«. Das war lebendig, zukunftsweisend und oft sehr witzig. Die Mädchen vernetzten sich untereinander, tauschten sich aus und gaben einander wichtige Ratschläge. Aus virtuellen Begegnungen entstanden immer wieder echte Freundschaften. Das setzte Elyse bewusst fort und begann, begleitende Kurse und Treffen offline anzubieten: Poetry Slams zum Beispiel, Kunst- und Gruppentherapien. Weitere sollen folgen – in Amerika und weltweit.

Ein kurzer Film, den die in New York geborene US-Amerikanerin ELYSE FOX im Dezember 2016 drehte, sorgte für Aufruhr: Sie sprach darin über ihre Depressionen. Offensichtlich war der Bedarf an Austausch riesig, darum gründete sie die Internet-Plattform »Sad Girls Club«. Den »Club der traurigen Mädchen«. Das Ziel: Mädchen in seelischer Not schnell und unbürokratisch zu helfen.

Um die ihr so wichtige Nähe herzustellen, erzählte Elyse viel von sich, postete Fotos, gab Einblicke in ihr Privatleben, auch in ihre eigenen Abgründe. Mit ihrer Offenheit wollte sie andere anstecken, sich ebenfalls zu öffnen. Denn Elyse war sich sicher: Entscheidend im Kampf gegen Depressionen und andere psychische Erkrankungen ist, ehrlich mit sich und anderen zu sein und sich bloß nicht zu schämen. Bloß nicht zu fürchten.

Je früher die Aufklärung beginnt, desto größer sind die Chancen zu helfen. Darum sollte endlich Schluss sein damit, psychische Probleme gesellschaftlich zu stigmatisieren.

Über prominente, medienwirksame Partner wie die Schuh- und Modemarke »Timberland« oder die Kosmetiklinie »Olay« erschloss Elyse noch mehr Öffentlichkeit. Sie gab Interviews und gewann potenzielle Unterstützer*innen. Mit dem Sportartikel-Hersteller »Nike« gründete sie eine Laufgruppe in New York. Über Crowdfunding warb sie Gelder für weitere Veranstaltungen und Workshops ein. Aus ihrem privaten Engagement war ein Full-Time-Job mit politischem Anliegen geworden.

Ohne die Unterstützung engagierter Freiwilliger könnte Elyse das nicht bewältigen. Ehrenamtliche helfen, die Community weiter zu etablieren und regelmäßige Treffen auszurichten, gerade auch in kleineren Ortschaften, wo es weniger Anlaufstellen gibt. Denn eine der häufigsten Fragen ist: »Wann kommt der ›Sad Girls Club‹ endlich in meine Stadt?«

Heute hat die Online-Community über 270 000 Follower bei Instagram.

Heute ist Elyse Fox selbst Mutter. Sie plant einen Podcast und die Fortsetzung ihres Films »Conversations with friends«.

Und: Sie will einen »Sad Boys Club« gründen. Einen »Club der traurigen Jungs«. Damit die Welt irgendwann weniger unglücklich ist und Jugendliche mit psychischen Problemen weniger allein sind.

NETIWIT CHOTIPHATPHAISAL
AKTIVIST FÜR DEMOKRATIE UND VERLEGER

>> **In Thailands Schulen werden militärische Werte aktiv durchgesetzt. Sie bringen Erziehungsmaßnahmen mit sich, die nicht etwa kritisches Denken unterstützen, sondern lehren, ein guter, gehorsamer Schüler zu sein.**[46] <<

Das Leben von Netiwit Chotiphatphaisal hätte normal verlaufen können. Und am Anfang war es das ja auch: ganz normal. So beschrieb er es viele Jahre später in einer Rede beim Osloer Friedensforum:

»Mein Leben war kaum anders als das eines durchschnittlichen Schülers, der in Thailand aufgewachsen ist. Ich wurde in einer Familie aus der unteren Mittelschicht Thailands großgezogen. Ich war ein durchschnittlicher Schüler, ich interessierte mich nicht für Politik, trug den vorgeschriebenen Bürstenhaarschnitt und befolgte die strenge Schuluniform-Vorschrift.«[47]

Vielleicht wäre das Leben von Netiwit, dessen Eltern einen kleinen Laden am Rande von Thailands Hauptstadt Bangkok betreiben, auch ganz normal weitergegangen. Doch es kam anders.

Eines Tages, so erinnerte er sich bei seiner Rede in Oslo, schrieb er einen Artikel für die Schülerzeitung und fragte darin, ob es wirklich nötig und sinnvoll sei, dass Lehrer*innen über die Frisuren der Schüler*innen entscheiden. Denn in Thailands Schulen geht es sehr streng zu. Es gibt nicht nur Vorschriften für die Schuluniformen, sondern auch für die Haarschnitte. Genau das machte Netiwit zum Thema und bat einen Lehrer, dem er vertraute, den Text kritisch zu lesen. Einige Stunden später wurde er per Lautsprecherdurchsage ins Schulsekretariat beordert. Fünf Stunden musste er dort bleiben, nur weil er die Frage gestellt hatte, was Lehrer*innen die Frisuren ihrer Schüler*innen angehen. In den Augen der Lehrer*innen war er zu einem Schüler geworden, der die Sicherheit der Schule gefährdete.

Netiwit nahm das als Kompliment, und es mag wohl auch an diesem Erlebnis gelegen haben, dass er sich auf einmal doch für Politik zu interessieren begann. Er fing an, den Schulalltag kritisch zu hinterfragen. Vor den Lehrer*innen galt es zu kuschen, widersprechen war verboten, gegenüber der »New York Times« beschrieb Netiwit seine Lehrer*innen sogar als »Diktator*innen«.[48] Im Unterricht musste man

Netiwits Ansicht nach viel zu viel auswendig lernen – die Schule war ein mechanisches System, fast wie eine Fabrik, aus der identische Menschen herauskamen.

Aber ist das wirklich der Sinn eines Bildungssystems? Nein, meinte Netiwit – und machte sich daran, dagegen anzukämpfen. Denn die Schule sollte doch eigentlich dafür da sein, Schüler*innen zum Selbstdenken anzuregen und jungen Menschen Mittel an die Hand zu geben, die Gesellschaft zu prägen. Darum sollte es doch gehen!

Und so gründete Netiwit 2012 eine erste Gruppe, um Reformen einzufordern. Die Schulen sollten weniger autoritär sein und mehr Freiheiten gewähren. Außerdem sollte der Zugang zu öffentlichen Schulen insgesamt erleichtert werden.

Im Jahr darauf gründete Netiwit eine weitere unabhängige Organisation von Schüler*innen, um sich für Bildungsreformen einzusetzen.

Doch 2014 gab es in Thailand eine einschneidende Veränderung. Das Militär übernahm die Macht im Land. Das Parlament bestand nun nicht mehr aus Mitgliedern, die von den Menschen in Thailand gewählt worden waren, sondern aus vom Militär vorgeschlagenen Personen, die der thailändische König dann ernannte. Das, was Netiwit schon für das Bildungssystem gefordert hatte – nämlich die Möglichkeit, zu widersprechen und das sagen zu können, was man denkt –, wurde nun auch außerhalb der Schule weiter eingeschränkt, die freie Meinungsäußerung zum Beispiel oder die Möglichkeit zu demonstrieren.

Netiwit aber war längst nicht mehr der »durchschnittliche« Schüler. Er blieb unangepasst – und unbequem für die Mächtigen. Ein Jahr nachdem das Militär an die Macht gekommen war, wurde er bei einer Demonstration, die das Ende der Demokratie betrauerte, festgenommen. Außerdem sprach er sich öffentlich gegen die Wehrpflicht aus, die junge Männer verpflichtete, für eine Zeit zur Armee zu gehen.

Das, was er in der Schule vermisst hatte, lebte er nun als junger Mann der ganzen Gesellschaft vor: die Dinge zu hinterfragen und sich zu wehren, wenn einem etwas falsch vorkommt.

2016 begann Netiwit, Politikwissenschaften zu studieren. Und wieder brach er mit einer Tradition.

An der Universität wollte es ein Ritual, dass die Studierenden einmal im Jahr zwei ehemaligen und auch weit nach ihrem Tod noch verehrten Königen von Thailand ihren Respekt erwiesen. Dafür sollten sie sich vor den Statuen der Könige auf den Boden werfen. Netiwit wollte das nicht mitmachen, vor allem, weil er zuvor gelesen hatte, dass einer der Könige diese Geste selbst als erniedrigend abgelehnt hatte. Also stand Netiwit während der Zeremonie mit einem Freund nur auf, verbeugte sich kurz vor den Statuen und verließ die Feierlichkeit.

Seine Aktion sorgte für Aufmerksamkeit und viele Zeitungen berichteten darüber. In einem Artikel, der einige Monate später erschien, erklärte er seine Entscheidung. Der König selbst habe diese Tradition abgesetzt.

»Daher ist es unlogisch, einfach gedankenlos damit weiterzumachen, nur weil es eine Norm geworden ist.«[49]

2017, in seinem zweiten Jahr an der Universität, wurde Netiwit zum Präsidenten des Studierendenparlaments gewählt. Es war das erste Mal, dass ein Student so früh eine solche Position erlangte. Er hatte einen klaren Plan: Er wollte anders sein als seine Vorgänger und zeigen, dass man den Menschen durch politisches Engagement Hoffnung machen kann.

»Ich werde Demokratie und eine freie Gesellschaft offen wertschätzen und unterstützen. Ich werde moralischen Mut haben – sogar in Zeiten, in denen die Leute blind anderen Menschen folgen und gehorchen und glauben, dass es das einzig Richtige ist, was man tun kann.«[50]

Doch Netiwit bekleidete sein Amt nicht lange, denn er wiederholte, gemeinsam mit einigen anderen Studierenden, seinen Protest bei der alljährlichen feierlichen Zeremonie zur Ehrung der Könige. Prompt wurde er als Präsident des Studierendenparlamentes abgesetzt.

Diese Entscheidung sorgte für viel Kritik, international setzten sich Nobelpreisträger*innen, Aktivist*innen und Intellektuelle für ihn ein. Allerdings ohne Erfolg.

Unterkriegen ließ Netiwit sich deshalb aber nicht, sondern suchte nach anderen Möglichkeiten, sich zu engagieren. Mit einem Freund hatte er kurz

---

NETIWIT CHOTIPHATPHAISAL, geboren am 10. September 1996, war der Ansicht, dass man an Thailands Schulen zwar Gehorsam und Auswendiglernen beigebracht bekam – nicht aber, frei zu denken. Das muss sich ändern, fand der Schüler und beschloss 2012, sich dafür zu engagieren. Seitdem kämpft er immer weiter für Demokratie und ist den Mächtigen damit ein Dorn im Auge.

zuvor einen Verlag gegründet und stürzte sich nun voll in die Arbeit.

»Die Saat der Demokratie zu pflanzen ist eine notwendigerweise lange und mühsame Mission«[51],

heißt es auf der Verlags-Homepage. Netiwit, der schon früh mit dem Pflanzen begonnen hatte, machte nun mit seinem neuen Projekt einfach weiter. Denn der Verlag gibt Studierenden die Möglichkeit, ihre Gedanken und Ideen zum Ausdruck zu bringen und dadurch dazu beizutragen, Meinungsfreiheit und kritisches Denken zu fördern. Außerdem geht es darum, durch das öffentliche Nachdenken und das Einbringen eigener Ansichten Brücken zu bauen. Es geht darum, gemeinsam etwas für eine demokratische Gesellschaft zu tun. Daran beteiligen sich nicht nur Studierende, sondern auch Professor*innen, die gemeinsam Texte und Übersetzungen schreiben und korrigieren.

Netiwit veröffentlicht in seinem Verlag auch Bücher, die er selbst geschrieben hat, und übersetzt Texte berühmter Autor*innen ins Thailändische. Darin geht es um Tyrannei, Freiheit, Kommunismus, Liberalismus und – natürlich – um das Bildungssystem in Thailand. In einem seiner Bücher beschreibt Netiwit seine eigenen Erfahrungen. Wie es war, als Querulant angesehen zu werden, weil man eine andere Meinung hatte und diese auch äußerte. Das Buch trägt den passenden wie ironischen Titel: »Ein schrecklicher Schüler in einem exzellenten Bildungssystem«.

MIKAILA ULMER
UMWELT-AKTIVISTIN UND UNTERNEHMERIN

>> Ich sage immer, dass es wichtig ist, wie ein Kind zu träumen, und dass man als Kind im perfekten Alter ist, um herauszufinden, was einem Spaß macht, um neue Dinge auszuprobieren und Risiken einzugehen.⁵² <<

Fast klingt es wie ein Märchen – das Märchen der Bienenkönigin. Das lässt sich so erzählen: Es war einmal ein kleines Mädchen. Es hieß Mikaila Ulmer. Sie war vier Jahre alt, als sie von einer Biene gestochen wurde und dann, nur ein paar Tage später, gleich noch mal. Das tat weh. Danach hatte Mikaila vor allem Angst, was rumflog und brummte. Aber Mikaila war auch ein Mädchen, das sich von schlechten Erfahrungen nicht entmutigen ließ. Ihre Eltern ermunterten sie zusätzlich, sich lieber schlauzumachen, als in Zukunft vor jeder Biene schreiend davonzulaufen. Je mehr Mikaila über Bienen lernte, über die Arbeiterinnen, die Drohnen und eben: die Bienenkönigin, desto faszinierter war sie. Sie war beeindruckt vom Zusammenleben im Bienenstock, den Arbeiterinnen, die unermüdlich Honig sammeln, nur stechen, wenn sie sich bedroht fühlen, und dafür mit dem Leben bezahlen. Sie erfuhr außerdem, wie gefährlich der Klimawandel für Honigbienen ist, und dass sie vom Aussterben bedroht sind. Ohne Bienen, so wurde ihr klar, gibt es keine blühenden Blumenwiesen mehr, kein Obst und keinen Honig. Mikaila beschloss, etwas zu unternehmen.

Es war außerdem einmal eine Frau, die das Kochen und Backen liebte. Und weil sie es liebte und zudem ihre Familie liebte, schrieb sie alle ihre Rezepte auf. Diese Frau war Mikailas Urgroßmutter, und ihr Kochbuch landete ausgerechnet zu der Zeit bei Mikailas Familie, als das Mädchen sich mit den Bienenstichen rumschlug. In dem Kochbuch stand auch ein Limonaden-Rezept aus dem Jahr 1940. Zur Herstellung brauchte man Honig. Und plötzlich ging die Rechnung auf: 1 + 1 = 2. Plötzlich ergab alles einen Sinn: Mikaila machte Limonade nach dem Rezept ihrer Urgroßmutter, sie baute vor ihrem Haus einen Tisch auf und verkaufte die Limonade. Am Abend hatte sie ein hübsches Sümmchen eingenommen. Und weil sie inzwischen ja wusste, wie unersetzlich Honigbienen sind, spendete sie einen Teil des Geldes an einen Bienenschützer-Verein.

Doch das, fand Mikaila, war nicht genug. Sie feilte weiter an ihrer Idee mit der selbst gemachten Limonade, sie rechnete hin und her und überlegte, was sie alles brauchen würde: einen Namen, ein Logo und Limonade in verschiedenen Geschmacksrichtungen. Sie fragte sich: Wie und wo lässt sich Limonade in größeren Mengen produzieren? Wie bringt man sie in die Läden und unter die Leute?

Ihre Eltern, selbst studierte Betriebswirte, unterstützten sie. Sie schlugen ihr vor, bei einem Wettbewerb für Kinder-Business in ihrer Heimatstadt Austin in Texas mitzumachen. Mikaila baute einen Stand auf, in leuchtendem Honiggelb versteht sich. »Me & The Bees Lemonade« ging weg wie warme Semmeln, weil sie gut schmeckte und weil jede und jeder mit jeder gekauften Flasche Gutes tat: für sich selbst und für die Bienen. Auf deren Situation wollte Mikaila aufmerksam machen. Darum kaufte sie den Honig, den sie für die Limonade brauchte, bei ortsansässigen Imkern. Auf diese Weise leistete sie zumindest einen kleinen Beitrag zum Fortbestand der Bienenvölker. Außerdem spendete sie fortan zehn Prozent ihres Gewinns an Vereine und Organisationen, die sich für den Schutz von Bienen einsetzen.

Klingt wie ein Märchen? Irgendwie schon. Ist es aber nicht, denn hinter alldem steht ein Mädchen mit sehr viel Power und dem sprichwörtlichen Fleiß der Bienen.

Außerdem hatte Mikaila noch eine Leidenschaft an sich entdeckt: Ganz offensichtlich war sie eine geborene Geschäftsfrau. Es machte ihr Spaß, ein Produkt zu erfinden, von dessen Qualität sie überzeugt war. Sie mochte es, wiederum andere davon zu überzeugen. Und das konnte sie. Schon bald belieferte sie eine Pizzeria in Austin mit »Me & The Bees Lemonade«, sie gewann immer mehr Kunden, mit acht Jahren gab Mikaila älteren Schulkindern Workshops zum Thema: Wie gründe ich ein Unternehmen? Da sei sie zwar schon nervös gewesen, wird sie später einmal sagen, aber sie wusste aus eigener Erfahrung:

»Egal, wie alt du bist – du kannst immer etwas lernen. Und egal, wie alt du bist, kannst du immer anderen etwas beibringen.«[53]

Sie war erst neun, als ihr 2015 der große Durchbruch gelang. »Me & The Bees Lemonade« bekam den Zuschlag von »Whole Foods Market«, der führenden Naturkostladen-Kette in den USA. Nun wurden Mikailas Limonaden landesweit in über 500 Läden verkauft. Außerdem wurde sie zu einer Folge der Fernsehshow »Shark Tank« eingeladen, bei der sich Unternehmer*innen potenziellen Investor*innen vorstellen können. Sie überzeugte einmal mehr, der US-amerikanische Geschäftsmann John Daymond investierte 60 000 US-Dollar. Mikailas Geschäft fing an zu brummen wie ein Bienenstock.

Doch wie schaffte sie es, eine erfolgreiche Geschäfts»frau« zu sein, gleichzeitig in der Schule gut zu bleiben und ein halbwegs normales Kinderleben zu führen? Kein Märchen, sah die Wirklichkeit so aus: Mal kam die Schule zu kurz, weil Mikaila für »Me & the Bees-Lemonade« Interviews und Workshops gab, im Fernsehen auftrat oder neue Investor*innen suchte. Dann wieder musste die Firma zurückstecken, weil in der Schule eine wichtige Klassenarbeit anstand. Ein Honigschlecken war das nicht.

Aber da waren ja die unglaublichen Erfolge, wie die 800 000-US-Dollar-schwere Investition von Spielern der »National Football League«. Da waren neue prominente Geschäftspartner wie die Warenhauskette »Macy's«, in deren Filialen nun ebenfalls Mikailas Limonaden über den Ladentisch gingen. Da sind die Zahlen, die für sich sprechen: Bis heute wurde »Me & The Bees Lemonade« über eine Million Mal in landesweit mehr als 1000 Läden verkauft.

Und da sind die Erlebnisse, die Mikaila niemals vergessen wird. Der schönste und bedeutendste Tag war vielleicht der 14. Juni 2016. Anlässlich des ersten Frauengipfels »United State of Women Summit« im Weißen Haus fiel Mikaila die Aufgabe zu, den damaligen US-amerikanischen Präsidenten Barack Obama zu begrüßen. Für Mikaila war das wie ein Ritterschlag. Die »Hello Kitty«

der Limonade hatte sie werden wollen – nun wurde sie sozusagen von höchster Stelle zur Bienenkönigin gekrönt.

»Ich war dermaßen aufgeregt«, erinnert sich Mikaila. »Aber ich konzentrierte mich. Backstage kam Barack Obama zu mir und sagte: ›Du schaffst das.‹ Ich ging raus, und es hatte etwas von ›Oh mein Gott! Das ist verrückt!‹. Ich ging von der Bühne und weinte. Ich bin fest davon überzeugt, dass man solche Gelegenheiten beim Schopf packen sollte – selbst wenn man sich fürchtet!«[54]

Oder vielleicht, gerade weil man sich fürchtet? Es war immerhin das zweite Mal im Leben von Mikaila, dass aus Angst etwas Großes wurde. Die Begegnung mit Barack Obama wurde Ansporn zu noch mehr Höhenflügen. Mikaila entwickelte ein Lippenbalsam aus Bienenwachs, das inzwischen ebenfalls ein Top-Seller ist. 2017 gründete sie die gemeinnützige Stiftung »Healthy Hive Foundation«, was so viel heißt wie »Gesunder Bienenstock«. Auch damit setzt sie sich für Bienen ein. Aktuell schreibt sie an einem Buch für junge Unternehmer*innen mit.

Denn noch immer ergeben 1 und 1 bei Mikaila 2. Die Rettung der Bienen und ihre unternehmerische Begabung haben sie zu der gemacht, die sie heute, mit 15 Jahren, ist: eine Bienenkönigin und die Geschäftsführerin ihrer eigenen Firma. Die ist längst ein Familienunternehmen: wie in einem Bienenstock helfen alle zusammen. Denn Bienen sind nicht nur die große Mission der Mikaila Ulmer. Sie sind auch ihre Vorbilder: durch und durch beflügelnd.

MIKAILA ULMER war vier Jahre, als sie das erste Mal selbst gemachte Limonade nach einem Rezept ihrer Urgroßmutter verkaufte. Inzwischen ist »Me & the Bees Lemonade« ein erfolgreiches Unternehmen. Mikailas Mission: einen Beitrag zur Rettung der Honigbienen zu leisten. Zehn Prozent des Gewinns gehen an Vereine und Organisationen, die sich für den Schutz der Bienen einsetzen.

LEGALLY BLACK
AKTIVIST*INNEN FÜR EINE BESSERE SICHTBARKEIT VON »PEOPLE OF COLOR«

>> Als schwarzer Mensch in Großbritannien aufzuwachsen kann sich so anfühlen, als gehöre man nicht dazu. Es kann sich so anfühlen, als würde man permanent an seine ethnische Herkunft erinnert. Es kann bedeuten, dass man sich niemals schön dargestellt sieht, es kann bedeuten, dass man an der Tür mit Stereotypen und Mikro-Aggressionen begrüßt wird.[55] <<

Wie Harry Potter aussieht? Davon haben wohl alle eine Vorstellung: dass er eine Brille trägt, eine Blitznarbe auf der Stirn hat und diese strubbeligen Haare. Auch von Ron und Hermine haben wir bestimmte Bilder im Kopf: von Ron mit seinen roten Haaren und Sommersprossen und von Hermine mit ihrem braunen Schopf. Aber wie sieht es eigentlich mit der Hautfarbe aus? Warum sollte Harry Potter nicht schwarz sein? Oder Hermine? Als vor vielen Jahren der erste Harry-Potter-Film in die Kinos kam, wurden die drei jugendlichen Hauptfiguren alle von weißen Schauspieler*innen gespielt. Ist das nicht unfair? Aber niemand wunderte sich. Zumindest wurden die Stimmen derjenigen, die vielleicht überrascht oder enttäuscht waren, überhört. Aber ob man sich nicht ärgert, oder ob man mit seinem Ärger nicht gehört wird, ist ein großer Unterschied.

Die vier Teenager Liv Francis-Cornibert, Shiden Tekle, Kofi Asante und Bel Matos da Costa ärgerte es, dass schwarze Menschen in den Medien – und besonders in Filmen und Serien – nicht angemessen repräsentiert wurden. Denn die Harry-Potter-Filme waren nur ein Beispiel. Auch der Geheimagent James Bond 007, von dem es über die Jahre viele verschiedene Action-Filme mit wechselnden Hauptdarstellern gegeben hat, war immer ein weißer Mann. Schwarze Menschen hingegen und »People of Color« tauchten allenfalls in Nebenrollen auf, die dann auch noch häufig Vorurteile bedienten und beförderten.

Dabei ist Großbritannien ein multikulturelles Land, in dem Menschen aus verschiedenen Ländern, mit verschiedenen religiösen und kulturellen Hintergründen und verschiedenen Hautfarben leben.

Doch diese Vielseitigkeit der Menschen kam in britischen Filmen und Serien so gut wie nicht vor. So fand das »British Film Institute« für Großbritannien heraus, dass zwischen 2006 und 2016 in über der Hälfte der Produktionen keine wichtige Rolle mit schwarzen Schauspieler*innen besetzt war. Die Anzahl der Hauptrollen lag bei gerade mal 0,5 Prozent. Das heißt: Oftmals finden schwarze Menschen in Filmen in Großbritannien nicht statt. Und wenn doch, dann vor allem in Filmen, in denen es um Verbrechen oder um Sklaverei geht.

Das eine sind nüchterne Zahlen. Das andere sind persönliche Erfahrungen: Menschen verhalten sich oft anders, sobald schwarze Jugendliche an ihnen vorübergehen. Schwarze Menschen werden deutlich öfter von der Polizei kontrolliert als weiße. Die immer gleichen, angeblich »typischen« Bilder, die in Film und Fernsehen gezeigt werden, beeinflussen also offensichtlich die Wirklichkeit.

Shiden von »Legally Black« hat es der englischen Zeitung »The Guardian« einmal so erklärt:

»In den Medien werden schwarze Menschen nie auf eine positive Art und Weise repräsentiert. In den großen Filmproduktionen sind schwarze Figuren oft Kriminelle oder Drogendealer. Das trainiert die Menschen darauf, anzunehmen, dass alle schwarzen Menschen so sind.«[56]

Derartige Erfahrungen tun weh. Sie hinterlassen Spuren. Oft fühlt es sich so an, als würde man nicht dazugehören und sei auch nicht erwünscht. Wer nirgendwo in einem positiven Licht gezeigt wird, braucht manchmal eine Art Schutzraum, an dem man sich verstanden fühlt und nicht falsch dargestellt wird. Solche Schutzräume können Bücher sein, Comics oder eben Filme und Fernsehserien.

Liv, Shiden, Kofi und Bel Matos fassten 2017 einen Plan: Sie wollten dagegen vorgehen, wie schwarze Menschen in den Medien dargestellt werden, und dafür sorgen, dass das Thema, das sie so beschäftigte und prägte, öffentlich diskutiert wird. Deswegen gründeten sie die Initiative »Legally Black«.

Ihr erstes Projekt: die Poster berühmter Filme und Serien neu zu gestalten. Mit einem kleinen Unterschied: Die Schauspieler*innen von Harry Potter, Ron und Hermine sind auf dem Poster für »Harry Potter und die Heiligtümer des Todes« nun schwarze Teenager, auch die Darsteller*innen von »James Bond« oder »Bridget Jones« sind schwarz. Und auf Postern für den Film »Titanic« sind auf einmal schwarze Hauptdarsteller*innen zu sehen. Es sind Plakate gegen plakative, eingeübte Gesellschaftsbilder mit einer eindeutigen Botschaft:

»Wenn ihr überrascht seid, bedeutet das, dass ihr nicht genügend schwarze Menschen in Hauptrollen seht.«[57]

So stand es auf allen Postern.

Alle machten mit. Der Vater von Shiden gab den James Bond, Eltern, Geschwister, Freund*innen und natürlich die Mitglieder von »Legally Black« waren ebenfalls dabei. Eigentlich sollten die Plakate in lokalen Buslinien aufgehängt werden. Doch die Anfragen der Jugendlichen blieben unbeantwortet. Stattdessen sah eine Gruppe von Künstler*innen die Motive und war so begeistert, dass sie die Initiative unterstützte. In einer Nacht im Frühjahr 2018 hängten sie heimlich mehrere Plakate im Londoner Stadtteil Brixton auf. Der Plan ging auf. Obwohl die Plakate schnell wieder entfernt wurden, erregten sie große Aufmerksamkeit. Über die Sozialen Medien verbreiteten sich Fotos der Poster – und wurden von vielen gefeiert. Weil sie ein ernstes Thema satirisch aufgriffen.

Doch nicht alle verstanden, dass die Aktion lustig gemeint war, und so gab es auch Kritik: Es sei doch genauso ungerecht, alle weißen Schauspieler*innen zu ersetzen.

Doch darum ging es »Legally Black« nicht. Es ging ihnen darum, dass endlich auch ihre Lebenswirklichkeit und ihr Lebensgefühl in Filmen vorkommen. Sie wollten Figuren, mit denen sie sich identifizieren können. Sie wollten Geschichten, die mit ihnen zu tun haben. Von den ganzen Klischees und Stereotypen hatten sie mehr als genug.

Deswegen wollten sie außerdem, dass es auch mehr schwarze Autor*innen, Regisseur*innen, Produzent*innen und Kameraleute gibt. Die ganze Film- und Fernsehbranche sollte diverser werden. Und endlich hatten sie eine Plattform für ihr Anliegen.

Wie kann es sein, dass schwarze Menschen und »People of Color« in britischen Filmen und Serien meistens keine Hauptrollen spielen und stattdessen Stereotype verkörpern? Darüber ärgerten sich die vier Teenager Liv Francis-Cornibert, Shiden Tekle, Kofi Asante und Bel Matos da Costa so sehr, dass sie die Initiative »Legally Black« ins Leben riefen, um mit kreativem Protest auf diesen Missstand hinzuweisen.

Denn nach dem großen Wirbel, den ihre Plakate entfacht hatten, berichteten plötzlich Medien auf der ganzen Welt über die vier Teenager aus London. Die wiederum gaben Zeitungen und Fernsehsendern Interviews und schrieben selbst Artikel. So konnten sie ihre Botschaft in die Welt tragen.

Doch nicht immer waren die Aktivist*innen glücklich darüber, wie ihre Geschichte erzählt wurde. Der Zeitung »The Guardian« sagte Liv einmal: Oft würden sie als ein Haufen Kinder dargestellt, die sich mal kurz überlegt hätten, das System zum Einsturz zu bringen. Das mache sie interessant für die Medien – so sehr, dass sie manchmal den Eindruck habe, ihr Engagement werde nur vermarktet.

Die Kritik an den Medien ging also in die nächste Runde. Gleichzeitig wurde ihnen zugehört, gerade weil sie so jung waren, sagte Liv:

»Wegen meines Alters bin ich als Aktivistin besonders sichtbar. Dabei verstehen sehr viele junge Menschen die Unterdrückung und Ungerechtigkeit. Selbst wenn sie nicht unsere Erfahrungen gemacht haben, wissen sie, dass die Dinge falsch laufen.«[58]

Genau darum ging es den Initiator*innen von »Legally Black«:

»Die Menschen haben immer noch das Bild von Rassismus als körperlichem Angriff im Kopf. Aber sie sprechen nicht über die Art und Weise, wie Institutio-

nen Rassismus ausüben, indem sie betroffene Menschen immer wieder daran erinnern, dass sie nicht hierher gehören. Es fehlt eine Analyse, wie all das das Leben dieser Menschen beeinflusst.«[59]

Vier Jugendliche wollten das nicht mehr hinnehmen. Sie wollten, dass darüber gesprochen wird, und wollten selbst darüber sprechen.

Ihrem Ärger haben sie Luft gemacht und dafür gesorgt, dass er gehört und gesehen wird. Zum Beispiel auf Filmplakaten. Damit andere Bilder ein anderes Denken und Handeln ermöglichen.

GAVIN GRIMM

TRANSGENDER-AKTIVIST

>> *Mir ist klar geworden, dass das viel größer ist als ich. Und mein größeres Ziel ist es jetzt zu versuchen, die Dinge zu verbessern für die, die nach mir kommen.*[60] <<

Fast immer ist die erste Frage, wenn ein Kind auf die Welt kommt: »Was ist es denn – ein Mädchen oder ein Junge?« Als sei das Wichtigste an einem Menschen das Geschlecht, genauer: das biologische Geschlecht.

Heute wissen wir, dass es sehr viel mehr Geschlechter gibt als die beiden, die sich an den äußeren Geschlechtsmerkmalen ablesen lassen. Heute bietet Facebook seinen Nutzern 60 Geschlechter zur Auswahl an. Auch wir versuchen in diesem Buch, der Vielfalt wenigstens etwas gerecht zu werden: Wir verwenden ein Sternchen*, wenn der Plural eines Wortes nur ein grammatikalisches Geschlecht hergibt, im Deutschen ist das meistens die männliche Form. Wir schreiben von Schüler*innen, von Freund*innen, um all die anderen Möglichkeiten zumindest anzudeuten. Das Sternchen ist ein Symbol. Es ist wie ein Platzhalter, ein Freiraum. Auf diese Weise soll sichtbar gemacht werden, dass es mehr gibt als nur männlich oder weiblich.

Insofern kennt ihr einen Ausschnitt dessen, womit sich Gavin Grimm im Laufe seiner Schulzeit auseinandersetzen musste – allerdings in weitaus dramatischeren Zusammenhängen. Wie so oft ging es auch für ihn um Freiräume, in diesem Fall um ganz konkrete Räume: um die Schultoiletten. Gavin sollte sich entscheiden zwischen den Klos für Mädchen und denen für Jungen. Aber Gavin hatte sich bereits entschieden. Er wollte die Toiletten für Jungs benutzen, denn er fühlte sich als Junge, auch wenn er als Mädchen zur Welt gekommen war. Er war kein Mädchen.

Gavin ist Transgender. Darin steckt das lateinische Wort »trans«, also »darüber hinaus« oder »jenseits«, und das Wort »Gender«, womit das soziale, das kulturell geprägte Geschlecht bezeichnet wird, im Unterschied zum biologischen Geschlecht, dem »Sex«. Transgender überschreiten Geschlechtergrenzen. Das suchen sie sich nicht aus. Sie machen es nicht freiwillig. Dass sie sich nicht mit ihrem biologischen Geschlecht identifizieren können, hat nichts mit einem allgemeinen Wunsch nach Veränderung zu tun oder gar mit einer Laune, wie ihnen immer wieder unterstellt wird. Es ist einfach so. Sie wurden so geboren: als Mädchen im Körper eines Jungen, als Junge im Körper eines Mädchens. Die meisten von ihnen berichten, dass sie schon als Kind gewusst hätten, dass etwas nicht stimmt. Andere merken es in der Pubertät. Das Gefühl aber scheint vergleichbar zu sein. Viele beschreiben es so: Sie fühlen sich »im falschen Körper«, sie haben den Eindruck, nirgendwo richtig dazuzugehören. Sie fühlen sich irgendwie immer falsch. Das verunsichert zutiefst. Es kann zu Depressionen führen.

Auch Gavin ging es so. Jahrelang trat er als Mädchen auf, ging als Mädchen zur Schule – am Ende der 9. Klasse fand er, es sei genug. Er beschloss, fortan als Junge zu leben. Er ging zu einer Psychologin, die ihm bestätigte, dass eine Umwandlung möglichst schnell in die Wege geleitet werden sollte, weil er so litt. Sie verschrieb ihm Hormone. Gavin schnitt sich die Haare kurz, trug weite Karohemden und Jeans. Für jeden sichtbar wurde er zu dem, wie er sich fühlte: kein Mädchen – ein Junge.

Bei diesem Übergang begleiteten ihn seine Eltern von Anfang an. Sie teilten der Schulleitung mit, dass ihr Kind Transgender sei. Auch seine Freund*innen stellten sich hinter Gavin – warum auch nicht? Sie kannten ihn schließlich. Nur ein paar Klassenkamerad*innen hätten sich weggesetzt oder einen dummen Spruch gemacht, erinnert sich Gavin. Sogar seine Schule, die »Gloucester High School« im Bundesstaat Virginia, unterstützte ihn und erlaubte ihm, die Toiletten für Jungs zu benutzen.

Fast zwei Monate ging das gut. Dann meldeten sich aufgebrachte Eltern zu Wort. Gavin sollte die Mädchentoiletten benutzen, schließlich stehe in seiner Geburtsurkunde, dass er ein Mädchen ist. Im November 2014 wurde ein Schulausschuss einberufen. Eltern fürchteten um das Wohl ihrer Kinder. Eine Mutter sah die Privatsphäre der Schüler*innen durch Gavin gestört, eine andere fand, dass nicht zählt, was Gavin fühlt. Ein Vater wetterte ins Mikrofon, da könne ja jeder daherkommen, Jungs könnten sich als Mädchen verkleiden, um Mädchen auf den Mädchentoiletten zu belästigen.

»Eigentlich hatte ich eine Rede vorbereitet«, sagte der sichtlich aufgewühlte Gavin. »Nun scheint es mir besser zu sein, ohne dieses Papier zu sprechen. Ich kann die Mädchentoilette nicht benutzen, einfach, weil ich kein Mädchen bin.«[61]

Und er fuhr fort:

»Es könnte Ihr Kind sein. Ihr Kind, Ihre Schwester, Ihr Bruder, Ihre Nichte, Ihr Neffe. Ich bin nicht der einzige Transgender-Schüler in ganz Gloucester, und ich verdiene die gleichen Rechte wie jeder andere Mensch. Ich bin einfach nur ein Mensch. Ich bin einfach nur ein Junge. Bitte denken Sie an meine Rechte, wenn Sie Ihre Entscheidung treffen.«[62]

Seine Mutter schloss ihn nach diesen Worten in die Arme.

Sie erinnerte sich später, dass sie zunächst wenig gewusst habe über Transgender-Kinder. Aber was sie bald wusste, war, dass sehr viele von ihnen versucht hatten, sich das Leben zu nehmen. Eine Studie spricht sogar von etwa 50 Prozent. Das machte ihr große Angst. Sie sagte:

»Es war wirklich schwierig, sehr schwierig. Als Mutter fürchtet man um die Sicherheit seines Kindes. Aber es war auch wunderbar, weil mein Kind so großartig ist.«[63]

Der Ausschuss entschied sich. Gegen Gavin. Die Schulleitung ruderte zurück. Sie verbot dem Schüler ausdrücklich, die Toiletten für Jungs zu benutzen. Stattdessen sollte er auf eine Unisex-Toilette gehen. Die befand sich im Büro der Schul-Krankenschwester. Jedes Mal, wenn Gavin fortan aufs Klo musste, war er gezwungen zu demonstrieren, was er in dieser Weise gar nicht mehr empfand. Nun war er tatsächlich als »anders« stigmatisiert und nicht nur zwischen den Zeilen sogar als »gefährlich«, als »krank«.

Gavin sah das anders. Er sei kein Freak. Nichts an ihm sei pervers. Er sei einfach ein Mensch, der sein Leben leben wolle. Doch für Gavin hörte die Selbstbestimmung über sein Leben an der Tür der Schultoiletten auf. Er zog die Konsequenzen. Mit 15 Jahren, im Dezember 2014, zog er vor Gericht. Weil er, der im Kino, im Theater, in Restaurants ganz selbstverständlich aufs Männerklo gehen

---

GAVIN GRIMM ist Transgender – kein Mädchen, wie es in seiner Geburtsurkunde steht, sondern ein Junge. Als seine Schule ihm verbot, die Toiletten für Jungs zu benutzen, verklagte er 2014 die »Gloucester High School« im Bundesstaat Virginia. Vier Jahre dauerte der Prozess, bis Gavin im Mai 2018 endlich Recht bekam. Er wurde zum Helden der Transgender-Bewegung in den USA. Dabei wollte er nur eines: sein Leben leben wie alle anderen auch.

konnte, die erzwungene Isolation und soziale Ächtung nicht akzeptieren wollte, verklagte er seine Schule und forderte das Recht zurück, die Toiletten für Jungs benutzen zu dürfen.

»Jedes Mal, wenn ich auf die Toilette gehen muss, fühle ich mich gedemütigt«[64], sagte er.

Sein Kampf war auch ein politischer Kampf. Gavin ging es nicht um einen individuellen Kompromiss, sondern um etwas Grundsätzliches. Ihm ging es um eine gesellschaftlich verbindliche Lösung.

Mithilfe der Bürgerrechtsorganisation »American Civil Liberties Union« (ACLU) kämpfte er sich durch die Instanzen. Denn was nun begann, lässt tief blicken in das Verhalten einer Gesellschaft, ihre Wertvorstellungen, Ängste, Grenzen, ihre Denkbarrieren, auch in ihre Abgründe.

Über vier Jahre dauerte der Prozess. Er zog Kreise bis in die höchsten politischen Ebenen. Involviert war neben der Schulbehörde von Virginia auch das US-Bildungsministerium, das Gavins Argumentation teilte. Seine Klage wurde zum Testfall für die bundesweite Rechtsprechung, als sie von der Regierung des damaligen US-amerikanischen Präsidenten Barack Obama unterstützt wurde und 2017 vor dem Obersten Gerichtshof der USA verhandelt werden sollte. Obama stärkte die Rechte der Transgender-Schüler*innen, US-Präsident Donald Trump machte das Gesetz aus der Amtszeit seines Vorgängers wieder rückgängig und entzog auf diese Weise einem Prozess auf Bundesebene die juristische Grundlage.

Was für ein unglaubliches Hin und Her. Für Gavin muss das immer wieder kaum auszuhalten gewesen sein. Doch nun war das Thema in der Öffentlichkeit. Die

Medien berichteten, Gavin gab Interview um Interview, hielt Reden, er erhielt Preise und Auszeichnungen und erfuhr eine enorme Welle der Solidarität. Endlich sprachen Menschen über das Thema, sie sprachen miteinander, und sie sprachen mit Gavin. Durch die Klage eines Jugendlichen war ein wichtiger gesellschaftlicher Prozess in Gang gekommen, der bis heute anhält.

Als der Oberste Gerichtshof der Vereinigten Staaten den Fall ans Berufungsgericht zurückverwies und als Gavin im Mai 2018, ein Jahr nach seinem Highschool-Abschluss, schließlich das Recht auf freie Toilettenwahl gerichtlich bestätigt bekam, war das ein Meilenstein. US-Bezirksrichterin Arenda L. Wright Allen urteilte, dass die Schule die Rechte ihres ehemaligen Schülers verletzt habe. Dieses Urteil war ein großer Sieg nicht nur für die ACLU und die US-amerikanische Rechtsprechung, sondern auch für die US-amerikanische Gesellschaft, für die gesamte Transgender-Bewegung und natürlich für Gavin. Der war längst zu einem ihrer Helden geworden. Andere Transgender-Schüler*innen folgten seinem Beispiel. Sie reichten Klage ein gegen verschiedene Bundesstaaten der USA mit jeweils eigener Rechtsprechung. Die Jugendlichen standen für sich und andere ein.

»Ich fühle mich unglaublich erleichtert«, sagte der inzwischen 19-jährige Gavin nach der Urteilsverkündung im Mai 2018:

»Nachdem ich gekämpft habe, seit ich 15 Jahre bin, habe ich endlich eine richterliche Bestätigung, dass das, was der »Gloucester-County-Schulausschuss« entschieden hat, falsch war und gegen das Gesetz verstößt. Ich war fest entschlossen, nicht aufzugeben, weil ich nicht wollte, dass andere Schüler*innen dieselbe Erfahrung wie ich durchmachen müssen.«[65]

Bis heute gibt Gavin Interviews und tritt im Fernsehen auf. Er marschiert bei Demonstrationen mit und hält Reden, wie etwa 2018 beim alljährlichen »Trans March« durch San Francisco. Er hat sich einer Brust-OP und einer Hormontherapie unterzogen. Zudem hat er den Eintrag in seinem Pass ändern lassen. Nun ist es schwarz auf weiß nachzulesen: Er ist ein Mann.

Nach seinem Schulabschluss änderte Gavin außerdem seine Klage gegen die »Gloucester High School«. Jetzt fordert er Schadenersatz wegen Missachtung des Gleichbehandlungs-Paragrafen. Denn eines steht für den 20-Jährigen, der heute in Kalifornien lebt und studiert, fest:

»Ich verspreche, mich so lange wie nötig dafür einzusetzen, dass jeder ein authentisches Leben führen kann, frei, in aller Öffentlichkeit, ohne Belästigung oder Diskriminierung.«[66]

UMAZI MUSIMBI MVURYA

FRIEDENS-AKTIVISTIN

>> Du musst nicht Facebook erfinden, um etwas zu verändern. Mach einfach das, was in deiner Macht steht, um Frieden oder den Wandel zu bringen, den du willst.[67] <<

Es gibt Erfahrungen, die prägen einen Menschen. Das können schöne Momente sein, aber auch schreckliche, traurige oder angsteinflößende. Umazi Musimbi Mvurya war 13 Jahre, als sie solch einen schrecklichen Augenblick erlebte. Damals hieß sie noch Sophie Umazi Mvurya, heute möchte sie Umazi Musimbi Mvurya genannt werden. Darum soll sie auch hier so heißen. Umazi »starrte dem Tod ins Gesicht«.[68] Mit diesen Worten erinnert sie sich Jahre später bei einem Vortrag an das, was ihr widerfahren ist.

Weil ein Teil der kenianischen Bevölkerung vermutete, dass es bei der Präsidentschaftswahl 2007 nicht mit rechten Dingen zugegangen war, kam es zu gewaltsamen Auseinandersetzungen zwischen verschiedenen ethnischen Gruppen im Land. Die Kämpfe hatten verheerende Folgen. 600 000 Menschen mussten innerhalb des Landes fliehen. Viele wurden getötet. Genaue Zahlen gibt es nicht, aber die Rede ist von 1200 bis 1500 Todesopfern.

Fast wäre auch Umazi unter ihnen gewesen. Eines Tages kamen drei Männer zu ihrem Haus. Sie dachten, Umazi gehöre zu einer anderen Volksgruppe, und erklärten sie darum zur Feindin. Warum sie das dachten? Weil Umazis Haut eine etwas andere Farbe hat. Eine andere Hautfarbe, eine andere Volksgruppe – das sollte reichen, damit ihr Leben nichts mehr wert ist? An das Gefühl erinnerte sich Umazi noch viele Jahre später:

»Ich konnte den Hass dieser drei Männer spüren, aber ich war nicht wütend auf sie, sondern sie taten mir leid. Ich konnte nicht verstehen, wieso sie mir das Leben nehmen wollten – auf der Grundlage eines Umstandes, den ich nicht beeinflussen konnte: meiner körperlichen Erscheinung.«[69]

Irgendwie schaffte Umazi es, mit den Männern zu verhandeln. Woher die Worte kamen, die ihr das Leben retteten, was sie zu den Männern sagte, weiß sie nicht mehr. Doch sie entkam ohne eine äußerliche Verletzung. In ihr drin sah es jedoch anders aus: Ihr Glaube an die Menschheit war zerstört, umso mehr, als auch in ihrem Umfeld Menschen getötet worden waren:

»Ich hatte Freund*innen, die starben, ich hatte Freund*innen, die Waisenkinder wurden, ich habe Freund*innen, die ganz von vorne anfangen mussten«[70], erzählte sie in einem Interview.

Erst nach zwei Monaten waren die Unruhen in Kenia beendet.

Einige Jahre später sollte in Kenia wieder gewählt werden. Umazi studierte inzwischen und las viele Texte über die politische Lage in ihrer Heimat. Was sie las, bereitete ihr große Sorgen. Wieder drohte in Kenia Gewalt. Ihre Freund*innen waren ähnlich besorgt, denn noch immer betonten Politiker*innen im Wahlkampf nicht die Gemeinsamkeiten, sondern die Unterschiede zwischen den verschiedenen Bevölkerungsgruppen Kenias.

Umazi fand, dass die Geschehnisse der letzten Wahl sich keinesfalls wiederholen durften. Weil sie schon immer an die Kraft der Kunst und besonders der Fotografie geglaubt hatte, rief sie Menschen auf der ganzen Welt dazu auf, ein Foto von sich zu machen und den Schriftzug »I am Kenyan«, also »Ich bin Kenianer*in«, im Bild festzuhalten. Die Fotos sollten bei Facebook gepostet werden. Auf diese Weise sollten sich Kenianer*innen nicht mehr in erster Linie als Angehörige einer Volksgruppe, sondern als Bürger*innen ihres Landes begreifen. Sie sollten stolz sein auf Kenia, die Kultur und Vielfältigkeit.

Umazi hoffte, dass die Aktion dabei helfen würde, ein friedliches Zusammenleben zu ermöglichen.

Im Internet wurde die Kampagne »I am Kenyan« ein großer Erfolg. Aus der ganzen Welt wurden Fotos geschickt – nicht nur von Kenianer*innen, sondern von Menschen von überall her, die sich mit dem Land und der Situation identifizierten. Insgesamt erreichte die Aktion der Jugendlichen um Umazi etwa acht Millionen Menschen. Über 21 000 Fotos kamen zurück.

Außerdem wollten Umazi und ihr Team erreichen, dass sich die Kenianer*innen auch persönlich begegneten. Darum suchten sie auf der Straße mit Menschen das Gespräch über die Zukunft ihres Landes und über ihre Sicht auf Kenia.

Die Botschaft »I am Kenyan« druckten sie auf T-Shirts und Plakate. Die Jugendlichen brachten neuen Ideen ein, organisierten verschiedene Veranstaltungen und trafen sich zu Demonstrationen für den Frieden. Kenianische Musiker*innen unterstützten die Aktion mit einem Konzert.

Ein anderes Mal gingen sie in ein Armenviertel der Hauptstadt Nairobi. Nach der Wahl 2007 war es dort zu besonders schweren Unruhen gekommen. Über 100 Hütten waren niedergebrannt worden. Zunächst zogen nur um die zehn Menschen mit ihrer Botschaft durch die Straßen – am Ende hatten sich etwa 400 Menschen angeschlossen. Später sagte Umazi, das sei der Moment gewesen, an dem sie gewusst habe, dass sie alle von Geburt an ähnlich sind. Nun glaubte sie daran, dass ihre Aktion zu einer positiven Veränderung führen könne.

Schließlich demonstrierte sogar eine Gruppe Straßenkinder in Nairobi für den Frieden im Land. Die Gesichter in den Landesfarben geschminkt und das Wort »Peace« auf der Stirn, liefen sie schweigend durch den dichten Straßenverkehr. Menschen, deren Stimmen normalerweise nicht gehört wurden, beteiligten sich aktiv an der Diskussion um die Zukunft der Gesellschaft.

Um ihr Ziel zu erreichen, musste Umazi aber auch Hindernisse überwinden. Ihr Engagement bedeutete, dass sie für ihre Freund*innen nur noch wenig Zeit hatte. Immer war das Geld knapp. Manchmal fiel es ihr schwer, nicht aufzugeben.

Doch ihr Einsatz hatte Erfolg. Bei den Wahlen 2013 blieb es in Kenia friedlich – sicherlich auch wegen der »I am Kenyan«-Kampagne.

Für ihre Initiative wurde Umazi 2014 von der BBC zu einer der zehn Jugendlichen ernannt, die die Welt verändert haben.

2018 blickte sie in einem Facebook-Post zurück:

»2012 startete ich die ›I am Kenyan‹-Bewegung aus Liebe zu meinem Land. Wir sorgten mit Aktivismus für einige Aufregung – und wurden von mächtigen Menschen bedroht. Die Regierung riss einige unserer Initiativen an sich und setzte sie schlecht um, einige Firmen stahlen unsere Idee und nutzten sie für ihre eigenen Zwecke. Aber schlussendlich haben wir genug Lärm gemacht, damit die Leute uns zuhörten.«[71]

UMAZI MUSIMBI MVURYA wäre als Jugendliche bei blutigen Unruhen in Folge einer Wahl in Kenia fast getötet worden. Diese Erfahrung ließ sie nicht mehr los. Als die nächste Wahl in Kenia anstand, beschloss sie, sich für mehr Frieden in ihrem Heimatland einzusetzen.

Zuhören – das tun ihr bis heute viele. Nach Abschluss ihres Studiums in den USA arbeitete Umazi vor allem im Bereich visuelle Kunst und Medien. Über die Sozialen Medien bezieht sie weiterhin zu politischen Fragen Position und macht sich, wann immer es nötig ist, stark: unter anderem gegen Rassismus oder Gewalt gegen Frauen. Für eine zukunftsweisende Politik in Kenia.

FELIX FINKBEINER
KLIMA-AKTIVIST

>> Eine der besten Sachen, die wir machen können, ist, Bäume zu pflanzen. Denn Bäume sind die einzigen Maschinen, die wir haben, die das CO_2, das wir ausstoßen, auch wieder aufnehmen können.[72] <<

So muss das Paradies aussehen: strahlender Himmel, blaue Seen, üppig grüne Wiesen, im Hintergrund die weißen Gipfel schneebedeckter Berge – nicht umsonst sind die Landesfarben Bayerns Weiß-Blau. Die Luft ist klar, frisch und sauber. Wer hier die Natur genießt, kann sich kaum vorstellen, dass irgendwo auf der Welt die Umwelt bedroht sein soll. Und vielleicht braucht es ja gerade eine solche Postkarten-Idylle, um zu wissen, was auf dem Spiel steht. Vielleicht braucht es ein Großwerden in solch heiler Welt, um einmal ein überzeugter Klima-Aktivist zu werden. So wie Felix Finkbeiner, der Bub der Bäume.

Ein Referat in der 4. Klasse wurde für ihn zur Initialzündung:

»Eigentlich begann alles mit einem Plüsch-Eisbären, den ich als Fünfjähriger geschenkt bekam«, erinnert sich Felix. »Das Stofftier war fast größer als ich und bewirkte, dass der Eisbär mein Lieblingstier wurde. Ein paar Jahre später sollte ich in der Schule ein Referat zum Thema Erderwärmung halten. Bei der Recherche erfuhr ich, dass mein geliebter Eisbär bedroht war. Aber nicht nur das: Ich erkannte schnell, dass die Klimakrise auch uns Menschen bedroht.«[73]

Bei seinen Recherchen entdeckte Felix außerdem Wangari Maathai, die erste Professorin Kenias und die erste afrikanische Frau, die den Friedensnobelpreis bekommen hat. Bereits 1977 hatte sie das Aufforstungsprojekt »Green Belt Movement« ins Leben gerufen und mit afrikanischen Frauen in 30 Jahren 30 Millionen Bäume gepflanzt.

»Mit diesen Bäumen verschaffte sie den Frauen nicht nur erstmals ein eigenes Einkommen, sondern sie pflanzten auch Kohlenstoffspeicher – was für eine geniale Idee!«[74], schwärmt Felix.

Denn Bäume schützen den Boden vor Erosionen. Sie produzieren Sauerstoff, sie reinigen die Luft, sie kühlen die Erde, weil sich durch Bäume Wolken bilden.

Und: Jeder einzelne Baum nimmt CO_2 auf – und zwar im Schnitt zehn Kilogramm, jedes Jahr.

Der Rest war Mathematik: Je mehr Bäume es auf diesem Planeten gibt, desto mehr CO_2 wird aufgenommen, desto nachhaltiger ist der Umweltschutz. Felix wusste nun, was er tun konnte. Wangari Maathai wurde sein großes Vorbild. Was sie begonnen hatte, wollte er fortsetzen:

»Also habe ich vorgeschlagen, dass wir Kinder in jedem Land der Welt eine Million Bäume pflanzen sollten. Ich hatte in der vierten Klasse wohl noch keine genaue Vorstellung, wie viel das genau ist. Wahrscheinlich war es einfach die größte Zahl, die mir damals eingefallen ist.«[75]

Und so pflanzte Felix im März 2007 im Park seiner Grundschule seinen ersten Baum, einen Zierapfelbaum. Sein Beispiel machte im wahrsten Sinne des Wortes Schule. Immer mehr Schüler*innen pflanzten Bäume, ein älterer Schüler bastelte eine einfache Website mit einer Ranking-Liste der lokalen Schulen, die löste einen regelrechten Wettbewerb aus: Wer pflanzt die meisten Bäume? Nach einer Pressekonferenz in München war das Medienecho groß. Das öffentliche Interesse war geweckt. Der Schneeball war ins Rollen gekommen. Jetzt konnte es losgehen!

Mit Unterstützung seines Vaters Frithjof Finkbeiner startete Felix im Frühjahr 2007 die Kinder- und Jugendinitiative »Plant-for-the-Planet«, also: »Pflanzen für den Planeten«, und ging auf Tour. Der kleine Junge mit dem dunklen Haarschopf und der rechteckigen Brille auf der Nase begeisterte alle, die ihm zuhörten. Mit seiner Ernsthaftigkeit und seinem Lausbuben-Charme überzeugte er mit der einfachen, aber wirkungsvollen Idee, dass jeder neu gepflanzte Baum im Kampf gegen die Klimakrise hilft. Felix wurde Botschafter seiner eigenen Mission – wie im Jahr 2009, als er anlässlich der »Kinder- und Jugendkonferenz des Umweltprogramms der Vereinten Nationen« in Südkorea zusammen mit 800 Kindern aus aller Welt eine Erklärung für den Klimagipfel in Kopenhagen verabschiedete. Er fragte die anderen Kinder im Saal, wer von ihnen ebenfalls eine Million Bäume in seinem Land pflanzen wolle. Nach und nach kamen immer mehr aufs Podium, schließlich waren es Hunderte aus 56 Nationen, die die Idee mit nach Hause nehmen und dort in die Tat umsetzen wollten. Und weil es Kinder waren, schubsten sie sich gegenseitig auf der Bühne ein bisschen herum, grinsten in die Kameras, klopften sich auf die Schultern und machten Victory-Zeichen hinter ihren Köpfen – oder waren das Hasenohren? Ein Kind legte Felix eine Hand vor den Mund.

Denn das war eine weitere Kampagne von »Plant-for-the-Planet«: Plakate zeigen den Jungen aus Bayern, wie er einem Erwachsenen den Mund zuhält. Der Text im Bild geht so: »Stop talking. Start planting«, »Hört auf zu sprechen. Fangt an zu pflanzen«, kurz: Tut endlich was!

Prominente wie die Schauspieler Harrison Ford und Til Schweiger, der Unternehmer Michael Otto, Fürst Albert von Monaco, das Model Gisele Bündchen, der legendäre Bergsteiger Reinhold Messner, die Politikwissenschaftlerin Gesine Schwan und viele andere unterstützten die Aktion. Auch das steckte an.

Daheim rollte der Schneeball ebenfalls weiter: 2008, ein Jahr nach der Gründung von »Plant-for-the-Planet«, waren 50 000 Bäume gepflanzt. Neben der Schule reiste Felix durch die Welt, er traf den ehemaligen UN-Generalsekretär Kofi Annan, den spanischen König Felipe, den amerikanischen Politiker Al Gore, sogar sein Vorbild Wangari Maathai – und pflanzte Bäume.

Er gab Interviews und trat im Fernsehen auf. Mit zehn Jahren sprach er vor dem Europaparlament über die Bedeutung der Bäume fürs Klima, drei Jahre später hielt er eine Rede vor den Vereinten Nationen in New York – und pflanzte Bäume. Er rief die »Plant-for-the-Planet«-Akademien ins Leben, bei denen Kinder andere Kinder in Sachen Umweltschutz fit machen, damit sie, nun selbst Botschafter*innen, weitererzählen, was sie gelernt haben – und Bäume für den Klimaschutz pflanzen. Fast 95 000 Botschafter*innen für Klimagerechtigkeit aus 74 Ländern hat »Plant-for-the-Planet« auf diese Weise ausgebildet.

2009 wurde Felix mit der »Bayerischen Staatsmedaille für besondere Verdienste um die Umwelt« ausgezeichnet – in Deutschland pflanzten Kinder den millionsten Baum.

FELIX FINKBEINER, geboren am 8. Oktober 1997, wuchs in Pähl in Bayern auf. Mit neun Jahren, im Frühjahr 2007, rief er die Kinder- und Jugendinitiative »Plant-for-the-Planet«, also: »Pflanzen für den Planeten«, ins Leben. Die Idee: mit Bäumen der Klimakrise entgegenzuwirken. Heute engagieren sich fast 95 000 Kinderbotschafter*innen aus 74 Ländern für mehr Klimagerechtigkeit. Regierungen, Unternehmen und Privatpersonen haben mehr als 13 Milliarden neu gepflanzte Bäume an den Baumzähler der Kinder gemeldet. »Plant-for-the-Planet« selbst hat mit Hilfe von Spenden mehr als neun Millionen Bäume gepflanzt.

Um Geld für neue Baumpflanzungen zu generieren, lud Felix 2011 350 Schokolade-Produzent*innen aus aller Welt ein. Seine Idee: 0,01 Prozent ihres Umsatzes an »Plant-for-the-Planet« zu spenden, also einen Euro pro Tonne Schokolade. Doch keiner der Erwachsenen biss an.

Sie hätten nur gelacht, und er sei sehr enttäuscht gewesen, erinnert sich Felix. Also ließen er und seine Mitstreiter*innen 2012 die Schokolade eben selbst produzieren. Fünf Monate später lag »Die Gute Schokolade« in den Regalen großer deutscher Supermärkte, 2018 kürte die »Stiftung Warentest« sie zur besten Milchschokolade Deutschlands. Weil Hersteller*innen und Händler*innen auf einen Gewinn verzichteten, ging fortan ein Teil des Erlöses an »Plant-for-the-Planet«.

2015 startete »Plant-for-the-Planet« ein großes Aufforstungsprojekt auf der Yucatán-Halbinsel in Mexiko:

»Auf einer zerstörten Waldflächen, so groß wie 50 Fußballfelder, arbeiten 100 Mitarbeiter, die in Baumschulen die Bäume pflanzen und pflegen«, erläutert Felix.[76]

Er machte Abitur und studierte in London am »Institut für Orientalische und Afrikanische Studien«. Am 22. Mai 2018 verlieh Bundespräsident Frank-Walter Steinmeier Felix das Bundesverdienstkreuz: Die Idee eines Grundschülers hatte sich zu einer internationalen Organisation ausgewachsen, mit Hauptsitz in Uffing am Staffelsee und Niederlassungen in sieben Ländern, darunter Brasilien, Italien, Mexiko und der Schweiz. Aus der Initiative war eine Stiftung mit eigenem Spendenkonto geworden. Der Bub der Bäume hatte sich zum »Wipfelstürmer« gemausert. Nun war er »als Weltenretter berühmt«.[77]

Heute promoviert Felix in Zürich, sitzt in Talkshows, hält Vorträge vor Unternehmer*innen und trifft sich mit wichtigen Menschen aus Wirtschaft und Medien, die seine Projekte unterstützen und sponsern könnten. Sein Publikum ist zahlungskräftig und einflussreich:

»Wir wollen die alle davon überzeugen, Bäume zu pflanzen, oder dass sie ihr Unternehmen durch die Finanzierung von Aufforstung CO_2-neutral machen«[78], sagt Felix.

Umweltsünder wie die Riesen »Shell« oder »Lufthansa« dürfen allerdings nicht mitmachen.

Trotzdem: Felix legt sich mit den Mächtigen nicht an – er setzt auf Zusammenarbeit. Später möchte er vielleicht einmal Politiker werden.

Das mag auch ein Grund dafür sein, dass Felix – übrigens ein erklärter Bewunderer von Greta Thunberg – sich dafür einsetzt, dass Kinder mehr politische Macht bekommen. Schließlich gehe es um ihre Zukunft – warum sollten sie dann erst mit 18 Jahren an Wahlen teilnehmen? Denn in dem Punkt lässt er nicht mit sich verhandeln: Er ist sich sicher, dass seine Generation die Konsequenzen der Klimakrise erleben und ausbaden müssen wird. Im Februar 2019 warnte er deshalb:

»In Zukunft wird die Klimakrise nicht nur Wasserknappheiten und Lebensmittelknappheiten bedeuten. Die Klimakrise wird auch unsere anderen Konflikte, unsere politischen Konflikte, unsere kriegerischen Auseinandersetzungen schlimmer machen.«[79]

Darum macht Felix weiter. Sein Herzensprojekt bleiben die Bäume. Das nächste Land, für das es Aufforstungspläne gibt, ist Äthiopien – immer dem Ziel nach, mit Aufforstungen in Südamerika und Afrika CO_2 zu binden und damit der Erderwärmung entgegenzuwirken.

Seit Kurzem gibt es die »Plant-for-the-Planet-App« mit Pflanzprojekten aus aller Welt, für die man Bäume spenden kann.

Aktuell ist der Plan, den weltweiten Baumbestand von rund drei Billionen Bäumen um ein Drittel zu erhöhen. Dann ließe sich nach Berechnungen von Wissenschaftler*innen ein Viertel des von Menschen gemachten CO_2-Ausstoßes auffangen.

Es ist ein Mammutprojekt, das »Plant-for-the-Planet« mit Baumpflanzorganisationen aus aller Welt stemmen will. Bis 2030 sollen es tausend Milliarden Bäume mehr sein. In Ziffern sieht das so aus: 1 000 000 000 000.

Es sind gigantische Zahlen, die Kritiker*innen auf den Plan riefen. Expert*innen zweifelten die Höhe des Wiederaufforstungspotenzials an. Felix stellte klar: 12,5 Milliarden der angegebenen 13 Milliarden Bäume stammen noch aus der Zeit, als die UN die »Billion Tree Campaign« und den Baumzähler betrieben, den sie dann »Plant-for-the-Planet« übergaben.

Doch unterm Strich sind und bleiben es enorm viele Bäume. Das ist, was zählt: Felix selbst definiert seine Rolle ohnehin so:

»Meine Aufgabe ist es, die Leute zu begeistern.«[80]

Mehr noch: Er will Menschen anstecken und den Wettbewerb, den er als Schüler unter Schüler*innen entfacht hat, weiter befeuern. Der ist immer auch ein Wettlauf gegen die Zeit:

»Menschen, Organisationen, Länder und Unternehmen sollen wetteifern: Wer pflanzt den größten Wald? Das Ziel: Indem wir Baumpflanzern die Möglichkeit geben, ihre Erfolge zu teilen, animieren wir andere dazu mitzumachen.«[81]

Genau so, wie Felix es schon als kleiner Junge getan hat. Der ist gegen die Klimakrise, gegen dieses riesige globale Problem, aufgestanden, im weißen T-Shirt, mit dem »Plant-for-the-Planet«-Logo auf der Brust. Das zeigt einen Baum mit üppiger grüner Krone, der Beine bekommen hat. Als würde der Baum laufen. In alle Welt?

Genauso gut lässt sich der Baumstamm auf Beinen als eine Gruppe von Kindern betrachten. Alle unter einem Dach, einem Blätterdach, halten sie sich an den erhobenen Händen.

Beide Lesarten passen perfekt. Die Botschaft im Doppelpack: Mehr Bäume sind, wie Felix das nennt, ein Zeitjoker im Kampf gegen Erderwärmung.

Und: Gemeinsam sind wir stark!

KAROLÍNA FARSKÁ

AKTIVISTIN GEGEN KORRUPTION

>> Wenn ich möchte, dass sich in meinem Land etwas ändert – wer sollte das denn für mich tun? Niemand. Also muss ich selbst etwas unternehmen.[82] <<

Was macht eigentlich eine Regierung, und wie gut funktioniert ein Parlament? Politik, die Arbeit der politisch Mächtigen, kann manchmal ziemlich weit weg wirken von den Bedürfnissen der Menschen im Land. So weit weg, dass die Einzelnen auf den ersten Blick gar nicht durchschauen, welche Entscheidungen gerade getroffen werden – und für wen. Nützen sie allen im Staat – oder vielleicht doch nur einigen wenigen, besonders denen, die viel Geld und Einfluss haben?

Auch für Karolína Farská hätten solche Fragen weit weg sein können, im Februar 2017. Da war sie 18 Jahre alt und lebte in dem kleinen Städtchen Dubnica nad Váhom. Sie ging zur Schule, bald würde das Abitur anstehen – Grund genug, um nicht über die große Politik nachzudenken: zu viel Stress, zu viel Schule und die slowakische Hauptstadt Bratislava zu weit weg.

Trotzdem sah sich die Schülerin mit den roten Haaren und der großen Brille im Internet das Video einer Parlamentsdebatte an, bei der es um Korruption in ihrem Land ging. Die Opposition, also die Parteien, die nicht in der Regierung sind und deshalb besonders darauf achten sollen, dass alles mit rechten Dingen zugeht, kam nicht zum Zuge. Später sagte Karolína dem deutschen Nachrichtenportal »SPIEGEL.de«, dass diese Erkenntnis der Tropfen gewesen sei, der das Fass zum Überlaufen gebracht habe.

Was der Schülerin besonders missfiel, war die Korruption in ihrem Land. Von Korruption, also von Bestechung, spricht man, wenn Menschen mit politischer Macht diese ihnen anvertraute Macht benutzen, um privaten Nutzen daraus zu ziehen. So definiert es »Transparency International«, eine Nichtregierungs-Organisation, die gegen Korruption ankämpft.

Konkret kann Korruption bedeuten, dass Unternehmen Politiker*innen Geld bezahlen, damit sie ihnen bestimmte Aufträge erteilen, mit denen diese Unternehmen dann wiederum sehr viel Geld verdienen. Korruption kann bedeuten, dass Politiker*innen Geld dafür annehmen, dass sie bestimmte Gesetze durchsetzen. In der Slowakei ist Korruption ein großes Problem. Slowakische Medien berichten immer wieder von Korruptionsskandalen. Bei einem Ranking, das Korruption in 180 Ländern auflistet, belegt die Slowakei Platz 59. Was Bestechung betrifft, stehen gerade viele der anderen EU-Staaten weitaus besser da als die Slowakei.

Dagegen wollte Karolína etwas tun – schließlich ging es um ihre Zukunft und um die Zukunft ihrer Generation. Denn auch wenn das mit der Korruption etwas abstrakt wirken mag, stellt sich die Frage: Wie kann man ein gutes Leben in einem Land führen, in dem Regierungsbeamte oftmals nicht im Sinne der Bevölkerung zu handeln scheinen, sondern im Sinne derer, die am meisten bezahlen?

Ihre Eltern, erinnerte sich Karolína einmal, hielten die slowakische Politik zwar für unanständig, aber sie glaubten nicht, dass ganz normale Menschen daran etwas ändern konnten – erst recht nicht in einem Land, das noch gar nicht so alt ist: Die Slowakei in ihrer heutigen Form gibt es erst seit 1993.

Die Entscheidung, etwas zu tun, war also ein großer Schritt. Den musste man sich erst einmal trauen. Karolína tat sich mit einem Freund zusammen. Um ihrem Ärger Luft zu machen, schrieben sie einen Facebook-Post – und erhielten Hunderte Rückmeldungen. Derart bestärkt, organisierten sie eine Demonstration auf dem »Platz des Slowakischen Nationalaufstands«. Der ist nach dem Aufstand des slowakischen Widerstands gegen die Besatzung der deutschen Wehrmacht und die mit den Nazis zusammenarbeitende slowakische Regierung im Jahr 1944 benannt. 1989 fanden dort Demonstrationen statt, bei denen sich Bürger*innen der Slowakei durch friedliche Proteste Freiheiten erstritten hatten. Es war also ein geschichtsträchtiger Ort, den sich Karolína und ihr Mitstreiter ausgesucht hatten, um klarzumachen, worum es ihnen ging: um ein Ende der Korruption. Außerdem wollten sie, dass eine unabhängige Kommission besonders schwerwiegende Fälle von vermuteter Korruption untersuchte und aufklärte.

Zunächst glaubten beide nicht an einen Erfolg. Ihnen hätte es genügt, wenn nur einige Hundert Menschen, Freund*innen und Familie, zu der Demonstration gekommen wären.

Dass alles ganz anders kam, lässt sich in vielen Zeitungsartikeln nachlesen: Statt der erwarteten paar Hundert demonstrierten mehrere Tausend Menschen. Karolína und ihr Mitstreiter hatten einen Nerv getroffen: Plötzlich gingen junge Menschen auf die Straße für eine Zukunft in ihrem Land. Sie kämpften dafür, dass die Verhältnisse sich ändern und das Geld nicht mehr »in den Taschen von Oligarchen landet«[83], wie Karolína die Situation in der Slowakei einmal beschrieb.

Schnell wurde Karolína zum Gesicht der Proteste. Sie organisierte weitere Demonstrationen – bis im Februar 2018 der junge Journalist Ján Kuciak, der viel zur Korruption in der Slowakei recherchiert und sogar Verbindungen der Mafia in Regierungskreisen nachgewiesen hatte, brutal ermordet wurde. Auch seine Verlobte Martina Kušnírová wurde umgebracht. Viele Bürger*innen der Slowakei waren überzeugt, dass das grausame Verbrechen mit der Berichterstattung von Ján Kuciak zu tun hatte. Sie waren fassungslos, dass es in einer jungen Demokratie möglich war, kritische, unbequeme Journalist*innen einfach so aus dem Weg zu räumen.

All das sorgte dafür, dass der Zorn noch weiter wuchs. Inzwischen kamen immer mehr Menschen: Anfangs waren es 25 000, später bis zu 86 000 – und immer war Karolína ganz vorne mit dabei. Sie rief außerdem die Bewegung »Für eine anständige Slowakei« mit ins Leben.

Auf ihr lastete eine große Verantwortung, wenn sie vor Tausenden Menschen sprach – immerhin waren die auch gekommen, weil sie an Karolínas Idee glaubten.

Anderen Menschen war ihr Engagement hingegen ein Dorn im Auge. Karolína wurde angefeindet und auf offener Straße beschimpft und bespuckt. Sie bekam Hass-Mails und sogar Morddrohungen.

Ihre Gegner verbreiteten Gerüchte über sie und ihre Mitstreiter*innen: Sie seien Agent*innen, die vom Ausland bezahlt würden.

Trotzdem hatten die Proteste vom Jahr 2018 Folgen: Wenige Wochen nach der Ermordung von Ján Kuciak und Martina Kušnírová trat der Regierungschef der Slowakei zurück. Auch andere mächtige Politiker*innen mussten ihre Ämter aufgeben.

KAROLÍNA FARSKÁ war 18 Jahre alt, als sie beschloss, etwas gegen die Korruption in ihrem Land, der Slowakei, zu unternehmen. Mit einem Freund rief sie zu einer Demonstration auf. Die Proteste wurden immer größer. Am Ende mussten sogar mächtige Politiker*innen klein beigeben.

Heute steht Karolína für eine Generation, die ihr Land verändern will. Dafür organisierte sie weitere Demonstrationen und hielt Vorträge, nebenbei schrieb sie Klausuren und lernte für ihr Abitur. Ihren Plan, nach der Schule im Ausland zu studieren, gab sie auf. Sie fühlte sich zu sehr mitverantwortlich für ihr Land.

Denn immer noch gibt es viel zu tun. Auch wenn die Täter des Doppelmordes inzwischen gefasst wurden, auch wenn mächtige Menschen von ihren Ämtern zurückgetreten sind: Es ist eine große Aufgabe, ein System von Grund auf zu verändern.

Was bleibt, ist die Erkenntnis, dass man sich in die Politik einmischen kann. Selbst wenn sie manchmal sehr weit weg erscheint.

SOLLI RAPHAEL
POETRY-SLAMMER FÜR SOZIALE GERECHTIGKEIT UND UMWELTSCHUTZ

>> Als Poetry-Slammer kannst du zu einer Stimme deiner Generation werden und über das sprechen, was dich am meisten beschäftigt.[84] <<

Können Worte die Welt verändern? Glaubt man Solli Raphael, ist die Antwort ganz einfach: Ja. Unbedingt! Aber sogar einem so sprachgewandten, sprachgewaltigen Jungen verschlägt es die Sprache, wenn es darum geht, die Stunden zu beschreiben, die sein Leben verändert haben. Bei Solli war das der Tag der Endausscheidung des australischen Poetry Slam im Sommer 2017. Denn niemals hätte er sich träumen lassen, dass er es bis nach Sidney schaffen könnte, auf die Bühne des weltberühmten Opernhauses.

Hier steht nun also der zwölfjährige Solli vor einem riesigen Publikum.

Spot on. Solli legt los. Die Namen der Vortragenden werden aus einem Hut gezogen. Niemand weiß, wann genau er oder sie dran ist. Wie es beim Poetry Slam üblich ist, treten die Dichter*innen mit ihren selbst verfassten Texten gegeneinander an. Nicht nur die Qualität ihrer Texte zählt, auch der Vortrag ist entscheidend. Wie glaubwürdig, wie mitreißend ist jemand? Die Nerven liegen blank. Das Publikum stimmt ab. Wer den meisten Beifall bekommt, kommt eine Runde weiter. Solli schafft es bis in die letzte Runde. Jetzt sind sie nur noch zu zweit.

Ein Gedicht noch:

Evolution
BANG! – that's the sound of evolution ...
we've found elocution's
just to tell the world we're finding a
   solution
for pollution
on our convolution
as a conterrevolution and retribution
All for one thing ...
TO PROVE EVOLUTION[85]

Evolution
BÄM! – So klingt der Fortschritt!
Wir erfanden den Wort-Schritt,
um der Welt zu erzählen,
dass wir sie nicht länger quälen:
Schutz
vor Umweltschmutz
alles in Bewegung,
als Gegenbewegung, als Vergeltung, als
   Lösung. Um endlich zu beweisen,
   wovor wir uns verneigen ...
EVOLUTION

Dann wird er zum Gewinner hochgejubelt und hochgeklatscht. Der Saal tobt. Solli erhält den Titel »2017-18 Australian Poetry Slam Champion« und ist damit der jüngste Champion in der Geschichte des Poetry Slam in Australien.

Bis dahin war er eigentlich ein ganz normaler Junge. Nun ja, was heißt schon normal. Solli spielte Tennis und Tischtennis, er schwamm und trainierte Langstreckenlauf. Er spielte Saxofon, Keyboard und Schlagzeug, außerdem Theater und ganz besonders gern Boule mit seiner Urgroßmutter. Und er schrieb für sein Leben gern. Mit neun Jahren verfasste er seine ersten Haikus, er lernte dazu, beschäftigte sich mit Reimen und unterschiedlichen Formen der Lyrik, er schrieb sich frei, schrieb längere Texte. Er suchte und fand seine Stimme. Das ist, sozusagen, die Hintergrundmusik seines Lebens.

Das änderte sich, als er »Australian Poetry Slam Champion« wurde. Denn nun war er berühmt, reiste für Auftritte und Interviews durchs ganze Land, trat bei Fernseh- und Talkshows auf und bei Groß-Events wie den »Commonwealth Games 2018« oder »TEDxSydney«.

Am 3. September 2018 erschien sein erstes Buch: »Limelight«. Darin rückt der inzwischen 13-Jährige ins »Rampenlicht«, was ihm so viel bedeutet. Er schreibt über Gedichte, über Poetry Slam, darüber, wie man auf Ideen kommt, und darüber, wie man Gedichte lesen, verstehen und schreiben kann. Und er erklärt, wie man die selbst geschriebenen Texte am besten vorträgt. Auch eigene Gedichte sind in »Limelight« drin. Der junge Autor widmet das Buch seinen Leser*innen. Das Motto: »Be a game changer with me!«. Das lässt sich in etwa so übersetzen: Ändere die Spielregeln. Entdecke und spiele dein eigenes Spiel. Mach dir die Welt, wie sie dir gefällt. Finde dich nicht ab, finde, erfinde dich selbst. Sei du selbst. Im Intro schreibt Solli:

»Im Grunde wollte ich andere ermutigen, selbst Gedichte zu schreiben und auf diese Weise über einige der Themen zu reden, die, glaube ich, für meine Generation besonders wichtig sind. Ich liebe es, Menschen dabei zu helfen, das Beste aus sich herauszuholen, und ich brenne zutiefst für die Art von Veränderungen, die das Morgen besser machen als das Heute!«[86]

Es ist eine beeindruckende Ermutigung, die Solli da zu Papier bringt. Mehr noch: zu Ohren und Augen. Denn beim Poetry Slam leben die Gedichte auch von der Performance. Solli ist so etwas wie ein Naturtalent. Ein Silbenakrobat, ein Dompteur der Worte und der Menschen, spielt er gekonnt mit Klängen, Rhythmus, Dynamik. Er beschleunigt beim Sprechen, bremst ab, hält an. Mal laut, mal leise sind seine Texte ein poetisches Nachdenken über sich und die Welt und über seine Leidenschaft: das Dichten. Schönheit der Sprache trifft auf harte Realität. Brisante Themen liegen in der Luft. Das Tempo ist turbo, der Sound staccato, der Ton intensiv, das Assoziationspotenzial hoch, der Emotionspegel ebenso.

Das geht unter die Haut, das trifft ins Herz. Mit seinen Handbewegungen wickelt Solli sein Publikum zusätzlich um den Finger. Manchmal faltet er die Hände vor dem Bauch. Dann wirkt er wie ein Prediger – und irgendwie passt das auch. Denn bei allem Gefühl, bei aller Fantasie sind die Botschaften seiner Gedichte klar. Solli ist nicht nur einer, der dem Motto »Think big« folgt, also: Denke in großen Zusammenhängen, setze dir keine Grenzen. Sein Credo heißt »dream big«: Träume groß.

Was sein Anliegen ist, bringt er in drei Worten auf den Punkt: »Write. Performe. Change.«[87]

Schreibe. Performe. Verändere.

Es geht alle etwas an. Und so heißen Sollis Gedichte »Maybe«, »Embrace Our Differences«, »Go!«, »Changes«, »Fly«, »Think« oder »Mental Marathon«. Es geht darin um die vielen Vielleichts im Leben, um die vielen Möglichkeiten, um Individualität statt Gleichmacherei und um Veränderung.

In seinen Gedichten setzt Solli sich mit dem Verhalten der Menschen auseinander. Ihn beschäftigen humanitäre Fragen, Themen wie Nachhaltigkeit, soziale und andere Gerechtigkeiten, Tierschutz und Umweltschutz. Er schreibt über den Plastikmüll in den Weltmeeren und über die Freiheit der Fantasie. Über das Fliegen mit Worten: »Fly«. Er schreibt über Veränderungen im Kleinen wie im Großen. Sein Ziel ist es, durch Poesie aktuelle Probleme zu benennen und dabei zu helfen, sie zu lösen. Er will

---

SOLLI RAPHAEL war zwölf, als er 2017/2018 den Poetry Slam von Australien gewann. Damit ist er der jüngste Poetry-Slam-Sieger der Geschichte des Landes. Veränderung im Kleinen wie im Großen, humanitäre Fragen, soziale Gerechtigkeit, Tierschutz, Umweltschutz sind nur einige seiner Themen. Sein Ziel ist es, mit seinen Gedichten die Öffentlichkeit wachzurütteln und Gleichaltrige anzuregen, zu schreiben, zu performen, zu handeln: für eine bessere, eine gerechtere Welt.

die Öffentlichkeit wachrütteln, die Politik in die Pflicht nehmen und Gleichaltrige anstecken. Vielleicht, damit sie eines Tages selbst Gedichte schreiben: »Maybe«. Immer, damit sie sich zu Themen äußern, die ihr Leben betreffen. Weiterdenken können alle selbst: »Think«. Und sich starkmachen für eine bessere, für eine gerechtere Welt, mit Worten und mit Taten: »Go!«

Dafür nutzt Solli seine Gedichte und Auftritte. Gekonnt hangelt er sich von Silbe zu Silbe. Mehr braucht es manchmal nicht, um zu einem neuen Einfall, zu einem neuen Sinn zu kommen. Denn um Sinn geht es dem jungen Australier. Je sinnfreier das Schneller, Höher, Weiter, Mehr der modernen Gesellschaften ist, desto mehr setzt er auf Innehalten. Auf Anhalten. Auf Halt. Auf Haltung. Eben: auf einen Sinn. Auf einen tieferen Sinn – so würde Solli es vielleicht formulieren: von Wort zu Wort zu seiner Botschaft. Das ist kunstvoll und politisch zugleich.

Und so ist »We can be more«, wir können mehr sein, Programm. Damit stellt Solli sich im Juni 2018 bei »TedX Kids« vor. Sein Vortrag klingt wie ein Gedicht. Drei Minuten prasseln die Worte auf die Zuhörer*innen ein. Sie trommeln sie wach. Dem kann man sich kaum entziehen, umso weniger, als es dem jungen Dichter um die Rettung der Welt geht.

»Die Leute«, so ist es auf seiner Homepage nachzulesen, »beschreiben mich als einen angehenden Humanisten und Game Changer, weil es mir ein Anliegen ist, Gleichheit in das Leben aller, die wir zusammenleben, zu bringen. Gleichzeitig kümmere ich mich um die Zukunft unseres Planeten.«[88]

Eines Tages, so sagt der heute 14-Jährige, wolle er vielleicht Pilot werden. Um wirklich zu fliegen – über die Worte hinaus?
　Oder er will Schriftsteller werden.
　Aber das ist er ja schon.

RAYOUF ALHUMEDHI

SETZTE EIN EMOJI MIT HIDSCHAB DURCH

>> Mir geht es bei meiner Forderung um Repräsentation. Es gibt so viele Muslim*innen auf der Welt, man sieht sie überall, ob in den Straßen, Schulen oder im Fernsehen. Den Weg zu mehr Sichtbarkeit und Anerkennung, den die Gesellschaft in vielen Lebensbereichen schon eingeschlagen hat, sollte man auch in der Alltagskommunikation verfolgen.[89] <<

Mit dem Schreiben ist das so eine Sache. Manchmal fehlen einem die richtigen Worte, wenn man Nachrichten an Freund*innen oder die Familie schreibt. Wie kann man ausdrücken, dass etwas nicht ganz so ernst gemeint ist, dass man etwas lustig findet oder wegen etwas verlegen ist? Mitunter sind es kleine Bildchen oder Icons, die weiterhelfen. Ihr kennt sie alle, die lächelnden gelben Smileys oder das Zwinker-Smiley. Manchmal lässt sich mit diesen Symbolen mehr sagen als mit vielen Wörtern. Man nennt sie auch Emojis – und die Sprache der Emojis gilt als die am schnellsten wachsende Sprache. Neue Symbole kommen hinzu, für alle ist etwas dabei: Es gibt Emojis für Menschen, die einen Turban tragen, für Menschen mit verschiedenen Haar- und Hautfarben und unterschiedlichen Berufen. Es gibt Emojis für Detektiv*innen, Köch*innen, Sänger*innen und sowieso für Tiere aller Art.

Die Emojis beschreiben den Alltag – und prägen ihn dadurch auch mit.

Die Auswahl ist schier unendlich – doch Rayouf Alhumedhi fand sich in der Vielzahl der Emojis nicht wieder. So richtig bewusst wurde ihr das, als sie 15 Jahre alt war. In Saudi-Arabien geboren, lebte sie mit ihrer Familie inzwischen in Berlin, weil ihr Vater für die Botschaft von Saudi-Arabien arbeitete. Seit sie 13 Jahre alt war, trug Rayouf ein Kopftuch. Genauer gesagt: einen Hidschab, also ein Kopftuch, das die Haare, die Ohren und den Hals bedeckt. Als sie später einmal in einem Interview gefragt wurde, ob der Hidschab Teil ihrer Identität sei, sagte Rayouf:

»Ich trage mein Kopftuch, seit ich 13 bin, weil ich das Gefühl mag, kontrollieren zu können, was ich anderen zeige und was nicht. Für mich ist der Hidschab ein Symbol von Freiheit. Meine Mutter *meinte: Sag mir, ob du es wirklich tragen willst. Und ich wollte. Ich bin stolz darauf, Kopftuch zu tragen.«*[90]

Doch in der Welt der Emojis konnte Rayouf kein Kopftuch tragen. Es gab einfach kein Bild dafür. Das bemerkte die 15-Jährige, als sie mit ihren Freundinnen eine WhatsApp-Gruppe gründete. Der Name der Gruppe sollte eine Serie an Emojis sein, jedes Mädchen gestaltete das Symbol, das sie repräsentierte, sie passten ihre Haar- und Hautfarbe an, bis Emoji-Versionen von ihnen entstanden waren. Nur bei Rayouf ging das nicht, denn eine Figur mit Kopftuch gab es nicht.

Das Einzige, was es gab, war ein Mann mit Turban, aber das passte ja nun wirklich nicht. Am Ende wählte Rayouf das Emoji trotzdem, außerdem ein Pfeilsymbol und das Emoji eines Mädchens. Wie umständlich! Das konnte nicht die Lösung sein. Schließlich war Rayouf nicht die Einzige, die ein Kopftuch trug, und für die es kein Emoji gab.

Als Erstes schrieb sie darum an den Kundenservice von Apple. Doch niemand reagierte. Im Internet fand sie heraus, wie man neue Emojis vorschlagen kann: Man muss einfach einen Entwurf an das sogenannte »Unicode Konsortium« schicken, in dem alle großen Technologieunternehmen wie Apple, Microsoft oder Google sitzen. Wenn dem neuen Emoji dort zugestimmt wird, wird es in Folge von all diesen Firmen übernommen.

Rayouf schickte eine kurze Nachricht und erhielt rasch Rückmeldung. Ihre Idee kam gut an, schließlich hatte sich in den Jahren zuvor einiges bei der Entwicklung der Emojis getan. Inzwischen gab es Emojis von alleinerziehenden Eltern und homosexuellen Paaren. Emojis sind so etwas wie der Querschnitt und das Abbild einer diversen Gesellschaft. Emojis mit Hidschab waren da noch eine echte Lücke.

Mithilfe verschiedener Expert*innen arbeitete Rayouf an der offiziellen Einreichung. Dabei stellte sie sich auch kritischen Fragen. Denn manche Menschen sagen, das Kopftuch sei nur dazu da, Frauen zu unterdrücken. Rayouf hingegen empfindet es so:

»Das mag vielleicht seltsam klingen, aber wenn ich ein Kopftuch trage, fühle ich mich frei [...]. Das Kopftuch lenkt den Blick auf die Fähigkeiten von Frauen anstatt auf ihre Schönheit.«[91]

Sie wisse, das betonte Rayouf in späteren Interviews immer wieder, dass es Frauen gibt, die zum Tragen des Kopftuchs gezwungen werden und es deshalb als Symbol der Unterdrückung begreifen. Vieles müsse sich noch ändern. Doch es gebe eben auch sehr viele Frauen, die das Kopftuch gerne tragen. Selbstbewusste Frauen. Dafür solle das Emoji stehen.

Der Antrag, den Rayouf schließlich einreichte, zeigt ihre Haltung:

»Im Zeitalter der Digitalisierung erweisen sich Bilder als ein entscheidendes Element der Kommunikation. Emojis sind wirkungsvoller und werden häufiger als je zuvor eingesetzt. Millionen Menschen nutzen sie, um Gefühle, Aussehen und Geschichten zu vermitteln. [...] Rund 550 Millionen muslimische Frauen auf dieser Erde sind stolz darauf, den Hidschab zu tragen. Trotz dieser enormen Anzahl von Menschen ist kein einziger Platz auf der Tastatur für sie reserviert.«[92]

Rayouf war zudem wichtig, dass das Hidschab-Emoji verschiedene Hautfarben haben konnte, um zu zeigen, wie vielfältig die muslimische Gemeinschaft ist. Auch über die islamische Glaubensgemeinschaft hinaus sollte das Emoji die reale Vielfalt abbilden. Denn im orthodoxen Judentum, im orthodoxen Christentum und im Katholizismus sei das Kopftuch ebenfalls von großer Bedeutung, betonte Rayouf in ihrem Antrag.

Ihr Engagement rief die Medien auf den Plan. Schon früh berichteten Zeitungen und Fernsehsender aus der ganzen Welt über die junge Frau, die sich für mehr Sichtbarkeit von Muslim*innen in der digitalen Welt einsetzte, für mehr Selbstverständlichkeit und mehr Normalität im Umgang mit Frauen, die ein Kopftuch tragen.

2017 war es so weit: Das Hidschab-Emoji landete auf den Handys und bei Messengerdiensten.

Rayouf hatte es geschafft und dafür gesorgt, dass sich Millionen Mädchen und Frauen nun auch mit einem Zeichen in der am schnellsten wachsenden Sprache identifizieren konnten. Dafür wählte sie das »Time Magazine« unter die 30 einflussreichsten Teenager 2017.

RAYOUF ALHUMEDHI trägt ein Kopftuch, seit sie 13 Jahre alt ist. Für sie ist das Teil ihrer Identität. Doch als die 15-Jährige mit ihren Freundinnen chattete, musste sie feststellen, dass es kein einziges Emoji gab, mit dem sie sich identifizieren konnte. Von Smileys über Menschen mit verschiedenen Haut- und Haarfarben bis zu allen möglichen Berufen gab es zwar eine ganze Bandbreite an Symbolen – doch Frauen mit Kopftuch waren nicht dabei. Bis Rayouf sich der Sache annahm.

Doch der Erfolg hatte für Rayouf, die inzwischen mit ihrer Familie in Wien lebte, auch Schattenseiten. Ein rechter österreichischer Politiker bezeichnete die Auszeichnung als »Irrsinn«. Besonders im Internet wurde sie beschimpft und bedroht.

Rayouf versuchte das zu ignorieren und konzentrierte sich stattdessen auf das Lob und den Dank, die sie in vielen Nachrichten erreichten – von Frauen, die sich endlich mit einem Emoji identifizieren konnten und es entsprechend begeistert benutzten.

Eigentlich sei es doch nur ein Emoji, sagte Rayouf immer wieder. Doch dahinter stehen größere Fragen: die nach Offenheit und Toleranz. Beides wird nun durch das Emoji befördert. Zumindest indirekt. Oder wie Rayouf Alhumedhi es in einem Interview mit »CNN« beschrieb:

»Wenn die Menschen einmal realisiert haben, dass Frauen mit Kopftuch nicht nur Leute aus den Nachrichten sind, und wenn sie anfangen, auf unseren Smartphones aufzutauchen, wird das die Wahrnehmung verfestigen, dass wir normale Leute sind, die ihren alltäglichen Routinen folgen, genauso wie andere Menschen auch.«[93]

HAILEY FORT
SETZT SICH FÜR OBDACHLOSE EIN

>> Es scheint mir nicht richtig zu sein, dass es obdachlose Menschen gibt. Ich finde, alle sollten einen Platz haben, an dem sie leben können.[94] <<

Eigentlich braucht jeder Mensch drei Säulen, um darauf ein Fundament fürs eigene Leben errichten zu können. Diese Säulen sind: Menschen um einen herum, die man mag und die einen mögen, ein Beruf, um den Lebensunterhalt zu verdienen, und ein Dach über dem Kopf. Von Geld, Reichtum oder gar Luxus ist nicht die Rede. Es geht lediglich darum, dass jeder Mensch das Recht auf einen Platz hat, an dem er oder sie leben kann. Eigentlich.

Wenn ihr euch vor eurer Haustür umschaut, werdet ihr schnell feststellen, dass es viel zu viele Menschen gibt, auf die das nicht zutrifft. Sie besitzen oft nur das, was sie am Leib oder in Plastiktüten mit sich tragen. Manche von ihnen sitzen tagsüber auf Gehsteigen und bitten um eine kleine Spende. Nachts schlafen sie auf der Straße, unter Brücken, in U-Bahn-Stationen, Bahnhöfen oder vor Kaufhäusern, selbst im Winter. »Penner« nennen viele sie im Volksmund, und in diesem Wort steckt die ganze Missachtung und Kälte einer Gesellschaft, die sich abgefunden hat mit etwas, was es nicht geben sollte. Eigentlich. Auch die offizielle Bezeichnung »Obdachlose« macht keinen Hehl aus dem, was gemeint ist. Das englische Wort bringt es genauso auf den Punkt: »Homeless People« heißen Menschen ohne Zuhause. Ohne Dach über dem Kopf. Es betrifft Frauen, Männer und Kinder. Die meisten von uns gehen achtlos an ihnen vorüber.

Nicht so Hailey Fort. Sie war fünf Jahre alt, als sie zum ersten Mal einen Obdachlosen sah. Weil sie nicht weg-, sondern hinschaute, sah sie, wie bedürftig der Mann war. Sie fragte ihre Mutter, ob sie ihm helfen dürfe. Ihre Mutter sagte Ja, und seitdem arbeitet die ganze Familie Hand in Hand, um Obdachlose zu unterstützen.

Hailey gab dem Mann kein Geld – sie kaufte ihm etwas zu essen. Das war und ist typisch für sie. Auch später dachte sie stets in größeren Zusammenhängen. Sie speiste die Leute nicht einfach mit einer Münze oder einem Schein ab. Weil sie einen grünen Daumen hat, baute sie Gemüse und Obst an, 60 kg konnte sie schließlich an lokale Essensausgaben spenden. Von Anfang an standen ihr ihre Eltern mit Rat und Tat zur Seite. Was zählt, so sagte ihre Mutter Miranda in einem Interview mit »ABC News«, sei die Botschaft an andere Leute, dass sie sich genauso engagieren können.

Im Mai 2017 eröffnete Hailey die nächste Gartensaison mit Tomaten, Gurken, Brokkoli, Bohnen, Erbsen, Paprika, Erdbeeren und Blaubeeren. Im April 2018 pflanzte sie zusätzlich Apfel-, Kirsch- und Pfirsichbäume. Nun konnte sie bereits doppelt so viel, nämlich 120 Kilogramm spenden.

Und Hailey tat noch mehr. Sie sammelte Geld für Seife, Handtücher, Kämme, Bürsten, Zahnbürsten, Zahncreme, Taschentücher, Toilettenpapier und Hygieneartikel. Sie sammelte Wintermäntel an Schulen, damit jedes Kind zumindest eine warme Jacke hat. Ein Foto zeigt sie, wie sie in den gespendeten Kleidungsstücken beinah ertrinkt. Doch sie lacht fröhlich unter ihrem Hut hervor. 2018 waren es schon über 200 Mäntel und Jacken. Ihre jüngere Schwester Josie half ihr, sie zu verteilen. Später wird Josie Bienenhäuser bauen und in der Stadt aufstellen. Denn auch Bienen brauchen unseren Schutz.

Weil Hailey fand, dass jeder Mensch ein Dach über dem Kopf verdient, wollte sie ein solches Dach für Obdachlose bauen. Ihre Mutter zeigte ihr ein Video von einem Mann aus Los Angeles, der mobile Unterkünfte für Obdachlose baut. Nach dessen Vorbild entwarf Hailey ein Mini-Haus auf Rädern. 2,40 Meter lang und 1,20 Meter breit, mit Fenster und Tür mit Türschloss, bietet es Platz zum Schlafen für einen Erwachsenen. In jeder freien Minute sägte, bohrte und hämmerte Hailey nun an ihren Holzhäuschen. Das Erste sollte für einen Freund sein – für Edward, mit dem sie sich über die Jahre angefreundet hatte.

Die Materialien, die Hailey dafür benötigte, wurden gespendet oder über Spenden finanziert. Hailey baute die mobilen Unterkünfte, damit Menschen, die sonst auf Pappkartons schlafen, geschützt sind vor Regen, Sonne, Wind und Kälte, vor den Blicken anderer Menschen und wenn nötig: vor anderen Menschen. Die Häuschen sollten ein kleines Stück Heimat sein. Ihre Eltern nahmen Kontakt mit der Stadtverwaltung auf, um Stellplätze für die Unterkünfte zu finden. Die brauchten nicht mehr Platz als ein Auto. Kirchengemeinden sagten ihre Unterstützung zu. In den nächsten zwei Jahren sollte ein

Dutzend solcher Holzhäuschen entstehen.

Im Mai 2016, Hailey ist inzwischen neun Jahre alt, erhielt sie den ersten »Disney Dream Big Princess-Award«. Damit wurde ihr außerordentliches Engagement für die Gemeinschaft ausgezeichnet. Denn das zog weitere Kreise: Hailey schloss sich einer Demonstration gegen häusliche Gewalt in den USA an: »Walk a mile in her shoes«. Ein Jahr später war sie wieder dabei. Sie fragte bei der Polizei nach, wie viele Frauen in ihrer Stadt von häuslicher Gewalt betroffen sind. Auch für diese Frauen, die von zu Hause fliehen müssen, wenn sie den Absprung schaffen wollen, wollte Hailey mobile Unterkünfte bauen.

Mit ihrem Engagement steckte sie andere Menschen an, die nun ihrerseits für Obdachlose und Bedürftige sammelten.

Sie startete außerdem eine Crowdfunding-Kampagne, die es ermöglichte, unkompliziert zu spenden. Was sie alles unternahm, um Obdachlosen zu helfen, dokumentierte sie auf ihrer Facebook-Seite »Hailey's Harvest«. Die Nachrichten, die dort eingingen, berührten:
»Hi Hailey und Familie«, schrieb eine Spenderin, »mit eurer selbstlosen Liebe für Obdachlose seid ihr ein großes Vorbild für viele andere. Ich bin sehr stolz auf euch und auf das, was ihr gemacht habt.« Eine andere kommentierte: »Du bist wie ein helles Licht in der Dunkelheit. Du machst anderen Menschen Hoffnung für die Zukunft.« Wieder eine andere meinte: »Du bist ein Engel. Gott segne dich.«[95]

Die Spenden reichten von 5 bis 100 US-Dollar.

Anlässlich des 50. Jahrestages der Ermordung des Menschenrechts-Aktivisten Martin Luther King am 4. April 2018, schrieb Hailey bei Facebook:

»Um ihn zu ehren, lade ich alle dazu ein, die eigenen Möglichkeiten zu nutzen, um einen Unterschied zu machen: Teilt euer Essen mit jemandem, der weniger Glück hat als ihr, helft einem älteren Nachbarn, die Einkäufe nach Hause zu tragen, wechselt ein freundliches Wort mit einem Fremden.«[96]

Im Februar 2019 traf Hailey die Senatorin Christine Rolfes, um sich für bezahlbaren Wohnraum in ihrer Stadt starkzumachen. Lokale Zeitungen und Fernsehsender berichteten, manchmal wurde

---

HAILEY FORT war fünf Jahre alt, als sie zum ersten Mal einen Obdachlosen sah. Sie fragte ihre Mutter, ob sie ihm helfen dürfe. Die sagte Ja und so baute Hailey in ihrer Freizeit Gemüse und Obst für Obdachlose an, versorgte sie mit Toilettenartikeln und begann, für sie mobile Unterkünfte zu bauen. Sie sorgte dafür, dass die Welt ein menschlicherer Ort wird.

Hailey der ganze Rummel zu viel – dann zog sie sich für eine Weile zurück. So wie im November 2016, oder als ihre Schwester operiert wurde. Nun waren es die anderen, die sich um sie kümmerten, ihr Mut zusprachen, gute Besserung und Kraft wünschten. »Pass auf dich auf«, schrieben sie.

Doch zu Weihnachten 2018 packten Hailey und ihre Familie das Auto wieder voll mit Spenden. Die warmen Kleidungsstücke hatten sie als Geschenke verpackt – auch das eine Geste der Menschlichkeit.

»Mir macht das Spaß«, sagt Hailey dazu. »Es macht mich glücklich, anderen Menschen zu helfen.«[97]

Wer einmal angefangen hat, mit offenen Augen durch die Welt zu gehen, wird vieles finden, was sich verbessern lässt. So wie Hailey Fort es vormacht.

Der Welt hat sie ein menschlicheres Gesicht gegeben. Ihr Facebook-Foto zeigt sie vor einem ihrer mobilen Unterkünfte, wie sie lachend ein Schild hochhält. »Liebe gewinnt« steht darauf.

Danach können alle handeln, ganz egal, wie klein oder groß sie sind. Ganz egal, wie klein oder groß ist, was wir tun.

JOSHUA WONG
AKTIVIST FÜR DEMOKRATIE

>> Wofür wir kämpfen, ist einfach: für die Freiheit der nächsten Generation.[98] <<

Wer jeden Tag in die Schule geht, fragt sich vielleicht gar nicht mehr so oft, welche Dinge im Unterricht erzählt werden und welche nicht, was man da eigentlich lernt – und warum ausgerechnet das. Doch dass Joshua Wong heute einer der bekanntesten Anführer der Hongkonger Demokratiebewegung ist und sich mit den Mächtigen anlegt, seit er 14 Jahre alt ist, hat genau mit dieser Frage zu tun.

2011 beschloss die Stadtregierung von Hongkong, dass alle Schüler*innen ein neues, verpflichtendes Schulfach bekommen sollten. Dabei ging es nicht um so etwas wie Sport oder Mathematik. Das Fach hieß »Moralische und Nationale Erziehung«, und dass es unterrichtet wird, wollte die chinesische Regierung. Denn Hongkong gehört zu China. Die Stadt ist eine sogenannte Sonderverwaltungszone, in der zum Teil eigene Rechte und Freiheiten gelten. Der Grund dafür liegt in der Geschichte.

Mehr als 150 Jahre lang – von 1843 bis 1997 – war Hongkong eine britische Kolonie. In einem Krieg hatten britische Soldaten die Metropole an der chinesischen Südküste besetzt. Erst 1997 einigten sich Großbritannien und China darauf, dass Hongkong wieder an China zurückgegeben werden sollte. Doch in der langen Zeit hatten sich China und Hongkong in unterschiedliche Richtungen entwickelt. Deswegen sollte Hongkong unter dem Motto »Ein Land – zwei Systeme« für weitere 50 Jahre ein gewisses Maß an Selbstbestimmtheit behalten, etwa, wenn es um wirtschaftliche, innenpolitische, soziale oder kulturelle Fragen ging. Auch die Presse hat in Hongkong mehr Freiheiten als im Rest von China. Diese Freiheiten wollen die Bürger*innen von Hongkong bewahren. Gleichzeitig will die chinesische Regierung mehr Kontrolle über die Stadt.

Entsprechend alarmiert war Joshua, als er 2011 von den Plänen für das neue Schulfach hörte. Er befürchtete, dass die chinesische Regierung immer mehr Einfluss gewinnen könnte. »Gehirnwäsche« nannte er das neue Schulfach und beschloss, dagegen zu protestieren. Dabei war Joshua bis dahin nicht sonderlich politisch gewesen. In einem Interview mit der britischen »New Left

Review« erinnerte er sich, er habe zu dieser Zeit kein einziges Buch gelesen, um sich politisch zu bilden.

»Wie jeder andere Teenager in Hongkong habe ich einfach Videospiele gespielt«, sagte er. Über die Politik habe er nur im Netz gelernt: »Man könnte sagen, Facebook war meine Bibliothek.«[99]

Mit einigen Freund*innen gründete er die Organisation »Scholarism«. Sich so offen zu positionieren und politisch zu engagieren, war in Hongkong alles andere als eine Selbstverständlichkeit. Viele Schüler*innen riskierten damit den Streit mit der Elterngeneration. In den Augen von Joshua war die Kultur in Hongkong seiner Kindheit sehr konservativ. Es ging immer um den persönlichen Erfolg. Einmal fragte er eine Lehrerin, wie man etwas zur Gesellschaft beitragen könne. Sie soll der Klasse geantwortet haben:

»Indem ihr für eine große, internationale Firma arbeitet und später, wenn ihr reich seid, den Armen Geld spendet.«[100]

Das aber kam für Joshua und »Scholarism« nicht in Frage. Sie wollten direkt handeln und wurden laut und sichtbar. An Bahnhöfen oder in Fußgängerzonen verteilten sie Flugblätter, mit denen sie über ihren Protest informierten. Dass sich so viele Schüler*innen beteiligten, lag nicht nur daran, dass sie sich gegen die »Gehirnwäsche« aus Peking wehren wollten – sie fanden ein weiteres Schulfach in ihrem ohnehin schon so vollen Stundenplan einfach zu viel. Neben großen politischen Fragen ging es ganz schlicht auch um eine zu hohe Arbeitsbelastung.

Joshuas Engagement für »Scholarism« wuchs sich zum Vollzeitjob aus. Über Wochen und Monate waren die Aktivist*innen in den Straßen Hongkongs unterwegs – ausgestattet mit einem Megafon. Vor allem Joshua galt als guter Redner, der die Menschen mitreißen konnte. Außerdem organisierte »Scholarism« eine Petition gegen das neue Schulfach. Innerhalb von zehn Tagen hatten 100 000 Personen unterschrieben.

Im Sommer darauf, 2012, kurz bevor das neue Schuljahr beginnen sollte, beschlossen die Aktivist*innen von »Scholarism«, den Platz vor dem Hongkonger Regierungsgebäude zu besetzen. Sie bauten Zelte, Tische und Pavillons auf, manche schliefen auf Zeitungen, die auf dem nackten Boden ausgebreitet waren. Am zweiten Tag ließ sich der Regierungschef von Hongkong blicken, aber entgegenkommen wollte er den Schüler*innen nicht. Auf Handyvideos ist zu sehen, wie Joshua ihm die Meinung sagt: ein junger Schüler, der sich den Mächtigen mutig entgegenstellt.

Die Besetzung dauerte an, es regnete, es wurde ungemütlich – und immer weniger nahmen teil. Dann geschah das, was Joshua im Rückblick ein Wunder genannt hat. Auf einmal erschienen immer mehr Menschen – erst 4000, bald darauf 120 000. Die Regierung von Hongkong lenkte ein und überließ den Schulen die Entscheidung, ob sie das neue Schulfach unterrichten wollten oder nicht.

Die Schüler*innen hatten bewiesen, dass sie die Gesellschaft verändern konnten. Und sie wollten mehr. 2014 kochten in Hongkong erneut Proteste hoch. Dieses Mal ging es um das Wahlrecht. Denn 2017 sollten die Einwohner*innen Hongkongs wählen dürfen. Doch die chinesische Regierung beschloss, dass nur eine genehmigte Vorauswahl zur Wahl stehen solle. Mit der versprochenen Freiheit und mit echter Demokratie hatte das in den Augen vieler nichts zu tun. Sie wollten die Kandidat*innen wählen können, die sie für die besten hielten, und nicht nur diejenigen, die die chinesische Regierung akzeptabel fand.

Joshua organisierte die Schüler*innen und Studierenden, die aus Protest streikten. Bei einer der Veranstaltungen sagte er:

»Unsere Eltern sagen, dass wir uns durch den Schülerstreik die Zukunft verbauen. Aber welche Zukunft haben wir denn unter dem derzeitigen politischen System? Schüler*innen müssen den Erwachsenen zeigen, dass sie nicht alle Regeln allein aufstellen können.«[101]

Im September 2014 stürmten einige Protestierende den Platz vor dem Regierungsgebäude, den die Schüler*innen schon 2012 besetzt hatten. Auch Joshua war dabei. Er wurde verhaftet und fast zwei Tage auf dem Polizeirevier festgehalten. Bald darauf wurde ein großes Viertel in Hongkong von Protestierenden besetzt und blieb es fast 80 Tage. Weil die Polizei immer wieder Tränengas einsetzte, benutzen die Demonstrant*innen Schirme, um die Tränengas-Granaten abzuwehren. So wurde der Regenschirm zum Symbol der Proteste.

JOSHUA WONG wurde am 13. Oktober 1996 in Hongkong geboren. Mit 14 Jahren gründete er eine Schülergruppe, die gegen die Einführung eines neuen Schulfaches protestierte, und legte sich mit der chinesischen Regierung an. Später wurde er eine der prägendsten Figuren der Hongkonger Demokratiebewegung.

Es waren beeindruckende Bilder, die da um die Welt gingen. Hongkongs tiefe Straßenschluchten vollgestopft mit demonstrierenden Menschen – und immer wieder diese Regenschirme. Ein Alltagsgegenstand wurde zum politischen Zeichen.

Am Ende blieb das Wahlrecht, wie es die chinesische Regierung wollte. Trotzdem wurde Joshua eines der Gesichter der Proteste – und ist es geblieben. Er steht für eine Generation, die sich nicht alles gefallen lässt, sondern für ihre Überzeugungen und demokratischen Freiheiten eintritt. Für seine aktive Rolle bei den Besetzungen wurde Joshua später zu mehreren Monaten Gefängnis verurteilt, doch sein Engagement hat ihn auch berühmt gemacht. Medien aus der ganzen Welt berichteten über den Jungen, der der chinesischen Regierung die Stirn geboten hat, und das, obwohl er noch ein Schüler war, der bis dahin in seiner Freizeit am liebsten Computerspiele gespielt hatte. Nach den Protesten 2014 wählte die Londoner »Times« Joshua zur »Young Person of the Year«, also zu so etwas wie dem »Jugendlichen des Jahres«, und das amerikanische »Time Magazine« zählte ihn 2014 zu den 25 einflussreichsten jungen Menschen des Jahres. Inzwischen gibt es sogar einen eigenen Netflix-Film über Joshua.

2016 gründete er zusammen mit einigen anderen jungen Aktivist*innen eine eigene regierungskritische Partei: »Demosistō«. Joshua Wong ist ihr Generalsekretär. Bis heute reist er um die Welt und spricht über die Themen, die ihn bewegen – über Demokratie und Freiheit.

Und angefangen hat all das, weil er sich fragte, was er da eigentlich in der Schule lernen soll.

FÜR FREIHEIT UND DEMOKRATIE!

JULIA BLUHM
BODY-IMAGE-AKTIVISTIN

>> Wir brauchen realistische Bilder – wir brauchen ein Abbild dessen, wie Mädchen heutzutage wirklich aussehen.[102] <<

Hand aufs Herz: Wer von euch findet sich schön? Und worauf achtet ihr mehr: auf das, was ihr an euch mögt, oder auf das, was euch stört?

Das Statistik-Portal »Statista« veröffentlichte für Deutschland folgende Zahlen: Auf die Frage »Wie zufrieden bist du mit deinem Aussehen?« waren 71 Prozent der 11- bis 13-Jährigen Jungs »sehr zufrieden« oder »eher zufrieden«, hingegen nur 58 Prozent der gleichaltrigen Mädchen. Bei den 14- bis 15-Jährigen traf das noch auf 65 Prozent der Jungs und 56 Prozent der Mädchen zu, bei den 16- bis 17-Jährigen Mädchen sogar nur noch auf 55 Prozent, gegenüber immerhin 72 Prozent bei den Jungs.

Obwohl Schönheitsideale je nach Land und Kultur unterschiedlich sind, scheint eines überall zu gelten: Die wenigsten Jugendlichen fühlen sich wohl in ihrer Haut. Zu dick, zu dünn, zu groß, zu klein, zu plump, zu unelfig und leider gar nicht supermännisch – wohin man schaut, Problemzonen. Warum ist das eigentlich so?

Das fragten sich auch Julia Bluhm und ihre Freundin Izzy Labbe:

»Als unsere Freund*innen in die Pubertät kamen und sich ihre Körper veränderten, sahen wir viele, die sich nicht mehr leiden konnten. Sie fingen an, sich mit den Models aus Magazinen zu vergleichen. Wir kannten diese Mädchen seit unserer Kindheit. Nun mit anschauen zu müssen, wie sie in eine Spirale aus immer schlechterem Selbstbewusstsein gerieten, machte uns traurig.«[103]

Auch dieser Teufelskreis scheint überall auf der Welt ähnlich zu funktionieren: Beim Vergleich mit anderen schneiden wir schlechter ab, die Folge: Das Selbstbewusstsein landet im Keller, bevor es überhaupt die Chance hatte, sich auszubilden.

Ganz schön kompliziert. Julia und Izzy wollten es darum genauer wissen und begannen, ihre Mitschüler*innen zu befragen. Das Ergebnis verblüffte sie: Es ist nicht nur die Pubertät oder der zu strenge Blick in den Spiegel. Das eigentliche Problem ist der Blick von außen. Den setzen die Medien, Zeitschriften, Magazine und besonders die Werbung.

Sie diktieren, was schön ist. Lange Beine, kein Gramm Fett, eine makellose Haut – es sind die immergleichen Klischees, die da weiter bedient werden. Glaubt man den Fotos, sind die Models perfekt. Doch Julia und Izzy stellten einfache Fragen: Stimmen diese Bilder überhaupt? Sehen Jugendliche wirklich so aus? Und warum kannten sie dann ausgerechnet die, die sich mit Pickeln rumschlugen und von einer Diät zur nächsten stolperten?

Die Hochglanzbilder, schlussfolgerten die beiden, haben mit der Wirklichkeit wenig zu tun. Die Models haben genauso ihre Problemzonen – nur werden die per Photoshop wegretouchiert. Die Bilder sind also Fake, doch ihre Wirkkraft ist mächtig und gefährlich, weil sie Schönheitsideale in die Welt setzen, die das Zeug zum Schönheitsterror haben. Trotzdem eifern Jugendliche ihnen nach – und beileibe nicht nur sie. Sie wollen so aussehen, so schmetterlingszart und bildschön, wie die Bilder es vorgaukeln.

Das ist die eigentliche Problemzone.

Eine US-amerikanische Umfrage bestätigte zudem, dass drei von vier Mädchen nicht mehr mit ihrem Aussehen zufrieden sind, sobald sie nur drei Minuten die bearbeiteten Fotos in Zeitschriften angeschaut haben. Wenn man dann noch bedenkt, dass Mädchen und Frauen immer noch viel zu oft auf ihren Körper reduziert, mithin sexualisiert werden, beschleunigt sich der Teufelskreis aus Vergleichen und eigener Abwertung noch.

Darum setzten Julia und Izzy bei den Medien an, insbesondere bei denen, die speziell für Jugendliche gemacht werden. Sie ergriffen die Initiative für mehr Wirklichkeit, mehr Ehrlichkeit in der Darstellung gerade von Mädchen. Dabei waren die auf Perfektion getrimmten, digital bearbeiteten Fotos den beiden Freundinnen zunächst nicht sonderlich unter die Haut gegangen: Izzy sagte von sich, sie sei mit einem riesigen Selbstbewusstsein gesegnet. Julia, die zu dem Zeitpunkt schon seit vielen Jahren Ballett tanzte, kannte den Anspruch, superschön und superdünn zu sein. Dabei gab es doch auch andere Vorbilder. Sie selbst war begeistert von Misty Copeland, der ersten Afroamerikanerin, die je als Primaballerina am »American Ballet Theatre« engagiert worden war. Muskulös und sportlich, verkörperte sie einen neuen Typ Tänzerin.

Doch unter die Haut ging Julia und Izzy, was die Fotos mit anderen Mädchen machten. Höchste Zeit, in deren Köpfe andere Bilder zu pflanzen. Höchste Zeit für »Give Girls Images Of Real Girls!«. Gebt uns realistische Bilder von realistischen Mädchen!

Mit dieser Bitte starteten Julia und Izzy im April 2012 eine Online-Petition bei Change.org und forderten von »Seventeen«, einer der führenden Mädchenzeitschriften in den USA, nicht länger nur geschönte Fotos von Models abzudrucken. Außerdem interviewten sie weitere Mitschülerinnen und fragten sie gezielt nach ihrer Meinung zu »Seventeen«. Wieder waren sie verblüfft: Die Wenigsten setzten sich kritisch mit der Zeitschrift auseinander. Sie schauten sich die Bilder an und ließen sich widerstandslos die Laune verderben. Sie kamen gar nicht auf die Idee, dass nicht sie »falsch« waren, sondern die Fotos. Sie wurden manipuliert, ohne es zu merken. Julia und Izzy hatten mit ihrer Petition also einen Nerv getroffen. Innerhalb weniger Tage unterschrieben über 25 000 Menschen aus aller Welt, doch erst, als Julia Anfang Mai nach New York eingeladen wurde, um beim Fernsehsender »CNN« und bei »ABC Nightline« über »Give Girls Images Of Real Girls!« zu sprechen, glaubten die beiden allmählich an den Erfolg ihrer Kampagne. Und während Julia sich in New York mit Vertreter*innen der feministischen Organisation SPARK traf, deren Team sie, seit sie 13 war, selbst angehörte, und eine Kundgebung vor dem Hauptsitz von »Seventeen« organisierte, bloggte Izzy zuhause zu den neuesten Entwicklungen.

»Vor allem schaute ich das erste Mal in meinem Leben Nachrichten«[104], erzählte Izzy lachend.

Immerhin waren nun die Medien, die zuvor die Suppe aus unerreichbaren Schönheitsidealen mit eingebrockt hatten, hilfreich. Sie berichteten über die beiden Freundinnen, immer mehr Menschen erfuhren von ihrem Anliegen. Das blieb nicht wirkungslos. Im Juli 2012 übergab Julia die Petition mit mehr als 86 000 Unterschriften an »Seventeen«. Die Reaktion kam prompt. In der August-Ausgabe kündigte Chefredakteurin Ann Shoket an:

JULIA BLUHM war 14, als sie sich gegen geschönte Fotos von Models zu wehren begann. Im April 2012 richtete sie zusammen mit ihrer Freundin Izzy Labbe eine Petition an »Seventeen«, eine der führenden Mädchenzeitschriften in den USA: »Give Girls Images Of Real Girls!« Gebt uns realistische Bilder von realistischen Mädchen! 86 000 Unterschriften später änderte »Seventeen« die Blatt-Strategie.

»Wir ändern keine Körper- oder Gesichtsformen von Mädchen, wir zelebrieren jede Art von Schönheit auf unseren Seiten.«[105]

Sie versprach außerdem, Aufnahmen von Foto-Shootings im Heft abzudrucken, um den Leser*innen einen realistischen Blick hinter die Kulissen zu erlauben.

Diese Erfahrung würden Julia und Izzy nie wieder vergessen. Sie, zwei 14-Jährige aus Maine in den USA, hatten einen untragbaren Zustand verbessert. Nun wollten sie andere Jugendliche ermutigen, ebenfalls aktiv zu werden:

»Ein großes Problem ist, dass wir nicht wissen, wo wir anfangen sollen. [...] Ich würde sagen: Macht trotzdem etwas, selbst dann, wenn ihr euch nicht sicher sein könnt, ob ihr erfolgreich sein werdet«, sagte Julia im November 2013. »Wenn es etwas gibt, was ihr unbedingt verändern wollt, versucht, es zu verändern.«[106]

Ihre Botschaft: Schaut euch im Netz um! Tut euch zusammen! Schließt euch Aktionen oder Organisationen an! Werdet unbequem! Denn etwas zu verändern ist keine Frage des Alters. Es ist auch keine Frage des Geschlechts. Folgerichtig erklärte Julia:

»Jungs sehen Darstellungen von Mädchen, die weniger stark, weniger wichtig sein sollen als Männer. Die passiv dargestellt oder sexualisiert werden. Das kann quälend sein. Es ist wichtig, dass Jungs den Medien ebenfalls Fragen stellen und ihnen sagen: Das ist nicht realistisch, die Mädchen in meiner Schule oder Stadt sehen nicht so aus, und zu begreifen, dass man den Medien nicht immer trauen kann.«[107]

Julia startete eine weitere Petition, um auch die Zeitschrift »teenVogue« dazu zu bringen, mit digital bearbeiteten Fotos Schluss zu machen, und sie bloggte weiter für SPARK zu Themen wie Achtsamkeit und positives Körperbewusstsein.

Schließlich lohnt es sich, einen wohlwollenden Blick zu riskieren und zu üben: Wie ihr seid, so seid ihr schön. Denn schön ist, was man mit Liebe betrachtet. Das hat der deutsche Dichter Christian Morgenstern schon vor über 120 Jahren gewusst.

Am besten, ihr fangt gleich heute damit an.

JAKOB SPRINGFELD

AKTIVIST FÜR KLIMASCHUTZ UND GEGEN RECHTS

>> Seit ich mich gegen Rechts und bei ›Fridays for Future‹ engagiere, werde ich auf der Straße von Rechten bespuckt, beschimpft und angerempelt. Ich muss auf mich aufpassen, gehe häufig abends nicht mehr alleine raus. Das macht mich traurig, aber es spornt mich auch an.[108] <<

Wie wird man eigentlich »politisch«? Wie fängt es an, dass man sich für gesellschaftliche Fragen interessiert? Wann beginnt man, sich darüber Gedanken zu machen, was besser laufen könnte im eigenen Land, in der eigenen Stadt, und wie man selbst etwas verändern kann?

Dass Jakob Springfeld ein politisch denkender Jugendlicher wurde, über den einige Jahre später viele Zeitungen berichten würden, hat mit dem Sommer 2015 zu tun. Damals kamen viele Menschen nach Deutschland, die vor Krieg, Gewalt, Armut oder vor fehlenden Perspektiven geflohen waren. Sie alle hatten fast alles zurückgelassen und hatten eine gefährliche Flucht hinter sich: auf Booten übers Meer, zu Fuß durch Wälder und über Berge.

Weil die Geflüchteten in Deutschland ein Dach über dem Kopf brauchten, wurden sie in Notunterkünften untergebracht. Auch nach Zwickau in Sachsen kamen Geflüchtete, einige von ihnen in eine Turnhalle in Jakobs Nachbarschaft.

Den Menschen, die da neu in die Stadt gekommen waren, musste man doch irgendwie helfen, fanden Jakob und seine Familie, die am Esstisch viel über die Ereignisse dieser Tage sprachen. Und es gab eine Möglichkeit: Jakobs Mutter arbeitete für eine Kirchengemeinde, die Räume zur Verfügung stellte, und so luden der damals 13-Jährige, sein Vater und einige Bekannte die Geflüchteten ein, um mit ihnen Tischtennis zu spielen und so etwas Normalität in ihren Alltag zu bringen. Für Menschen, deren Leben aus den Fugen geraten war, war das sicher besonders wichtig. Bald nahm Jakob auch Freund*innen mit und organisierte im Rahmen eines sozialen Tages an seiner Schule Treffen von Geflüchteten und Mitschüler*innen.

Doch nicht alle waren mit Jakobs Engagement einverstanden. Nicht zuletzt geprägt durch die Einstellung ihrer Eltern begegneten einige Mitschüler*innen den ihnen fremden Menschen mit Vorurteilen. Was half, war, miteinander Zeit zu verbringen, miteinander statt übereinander zu reden und einander besser kennenzulernen. Aus Geflüchteten wurden mitunter Freund*innen. Erlebnisse wie diese prägten Jakob, denn sie zeigten ihm: Schon im Kleinen ist es möglich, Dinge zu verändern – man muss nur zu seinen Überzeugungen stehen.

Anlässlich einer Protestaktion gegen eine Demonstration von Neo-Nazis in der nahe gelegenen Stadt Chemnitz machte Jakob eine Erfahrung, die noch mehr veränderte:

»Ein Böller wurde direkt neben mir fallen gelassen. Das hat mich ziemlich politisiert. Da dachte ich mir: Was geht eigentlich ab? Lass uns doch irgendwas in Zwickau starten.«[109]

Konnte das wahr sein? Konnte es heute in Deutschland passieren, dass man auf einer Demonstration gegen Rechts mit Feuerwerkskörpern beworfen wurde? Damit wollte Jakob sich nicht abfinden. Aus dem politisch denkenden Jugendlichen wurde ein politisch handelnder Jugendlicher. Erst gründete er in Zwickau eine Gruppe der »Grünen Jugend«, der Jugendorganisation der Partei »Bündnis 90/Die Grünen«. Bald darauf ging er mit einer Freundin zur Ortsgruppe der Klima-Aktivist*innen von »Fridays for Future« in Chemnitz und motivierte danach Jugendliche aus Zwickau, zur nächsten »Fridays for Future«-Demonstration mitzukommen. Am Bahnhof traute Jakob seinen Augen kaum: 300 Leute waren dem Aufruf gefolgt.

Mit 17 Jahren wurde Jakob einer der Mitbegründer der Zwickauer »Fridays for Future«-Gruppe. Sein gesellschaftliches Engagement nahm inzwischen einen Großteil seines Lebens ein. Davor hatte er viel Musik gemacht, hatte Trompete gespielt und an Musikwettbewerben teilgenommen. Dafür blieb nun weniger Zeit, genauso wie für die Schule, aber irgendwie bekam Jakob alles unter einen Hut: Mit der »Fridays for Future«-Gruppe Zwickau organisierte er Demonstrationen, startete Müllsammelaktionen und sitzt heute sogar mit dem Klima-Manager von Zwickau an einem Tisch, um den Klimaschutz in der Stadt weiter voranzubringen.

Jakob wurde gehört und erregte immer mehr Aufmerksamkeit. Für ihn persönlich war das nicht nur gut, denn in Zwickau gibt es eine aktive Neo-Nazi-Szene, die nicht nur fremdenfeindlich und rassistisch ist, sondern auch lautstark gegen die Klima-Aktivist*innen von »Fridays for Future« vorgeht. Jakob geriet immer mehr ins Visier der rechten Szene. Schon zuvor war er einmal bedroht worden, nur weil er einen Pullover getragen hatte, auf dem »Refugees Welcome«, also »Geflüchtete Willkommen«, stand. Nun wurde er auf offener Straße angespuckt oder beim Feiern in einem Club angegriffen.

Auch bei den Demonstrationen tauchten Anhänger*innen einer rechten Partei auf, drehten den Jugendlichen die Lautsprecher ab oder fotografierten Teilnehmer*innen. Von Jakob wurde ein Foto ins Netz gestellt. Das wurde mit Drohungen wie dieser kommentiert:

»Ich hoffe, du atmest nicht mehr lange.«[110]

Solche Drohungen machten Jakob Angst. Denn er weiß selbst am besten: Worten können Taten folgen – nur sind das nicht immer gute Taten.

Abends ging er darum nicht mehr gern allein raus, doch unterkriegen lassen wollte er sich auch nicht. Darum machte er die Drohungen gegen ihn öffentlich und erfuhr Solidarität von vielen Menschen, die wichtig fanden, was er und die »Fridays for Future«-Gruppe in Zwickau bewegten. Der Mut der Jugendlichen, sich gegen Widerstände und trotz der Einschüchterungsversuche weiter für ihre Sache einzusetzen, steckte an und wurde Vorbild für andere, sich ebenfalls mehr zu engagieren. In einem Interview sagte Jakob:

»Viele haben ein Gefühl für **Antifaschismus** bekommen, und warum das auch hier in der Region nötig ist.«[111]

Die rechte Szene hatte mit ihren Drohungen also genau das Gegenteil bewirkt von dem, was sie eigentlich wollte: Sie hatte die Leute nicht eingeschüchtert – die unterstützten sich gegenseitig, machten erst recht weiter und wurden mehr.

Jakob gab das viel Kraft. Die konnte er gut gebrauchen, denn auch er engagierte sich inzwischen nicht mehr ausschließlich für den Klimaschutz, sondern auch gegen Rechtsextreme. Ein politisch handelnder Jugendlicher zu sein bedeutete für ihn, verschiedene Probleme zusammenzudenken. Um gegen Rechts vorzu-

---

JAKOB SPRINGFELD hat mit 17 Jahren schon viel bewegt. Er war bei der Gründung der »Fridays for Future«-Gruppe in Zwickau beteiligt und organisierte eine Kundgebung gegen Rechts. Immer wieder wurde er deswegen von Rechten bedroht. Doch er weiß: Wer sich engagiert, kann auch etwas verändern.

gehen, war seine Heimatstadt Zwickau genau der richtige Ort, denn der hatte traurige Berühmtheit erlangt: Hier hatten sich die drei Mitglieder der rechtsextremen Terrorgruppe NSU versteckt. In den Jahren 2000 bis 2007 hatte der NSU insgesamt zehn Menschen ermordet, Enver Şimşek aus Nürnberg war das erste Mordopfer. Zur Erinnerung an ihn wurde in Zwickau ein Baum gepflanzt. Der jedoch wurde von Unbekannten abgesägt und damit die Opfer des rechten Terrors verhöhnt – die Mordopfer ebenso wie ihre Hinterbliebenen. Die leiden bis heute darunter, dass die Verbrechen nicht angemessen aufgeklärt worden sind.

»Die Tagesthemen« berichteten über die Schändung des Mahnmals in Zwickau, auf einmal war die Attacke ein großes Thema in ganz Deutschland. Politiker*innen zeigten sich schockiert, und wieder einmal stellte sich die Frage: Was ist eigentlich los in diesem Land? Wie kann es sein, dass rechte und rechtsextreme Positionen immer häufiger mit einem Schulterzucken hingenommen und von einer wachsenden Zahl Menschen befürwortet werden? Dass eine rechte Partei, deren Politiker*innen immer wieder menschenverachtende, rassistische oder antisemitische Sätze sagen, in allen Landtagen und im Bundestag sitzen? Dass die Gesellschaft immer hasserfüllter wird – im Internet und auf der Straße? Dass manche auch vor Gewalt nicht mehr zurückschrecken – auch und gerade gegen Menschen, die eigentlich besonders viel Schutz bräuchten?

Diese Entwicklung, die oft »Rechtsruck« genannt wird, kann einem Angst machen. Sie kann dazu führen, dass man aufgibt, sich in die eigenen vier Wände zurückzieht und hofft, dass man selbst nicht davon betroffen sein wird. Sie kann dazu führen, dass man sich aus politischen Fragen heraushält. Oder aber – man mischt sich ein: Jetzt erst recht! Wie die Gesellschaft aussieht, in der ich leben möchte, das habe auch ich in der Hand.

Jakob entschied sich für den zweiten Weg. Denn die Zerstörung des Mahnmals für Enver Şimşek ließ ihn nicht mehr los. Das Denkmal befand sich in der Nähe seiner Schule, trotzdem hatte er bislang nichts davon gewusst – weder, dass es das gab, noch, wofür es stand. Er fand es beschämend, dass ein Ort der Erinnerung erst durch seine Zerstörung so viel öffentliche Aufmerksamkeit erregte. Jakob wollte ein Zeichen setzen. Deswegen schrieb er mit Freund*innen einen Aufruf an seine Mitschüler*innen.

»Wir haben auf dieses Image unserer Stadt keinen Bock. Lasst uns also morgen in der Mittagspause ein Zeichen setzen und uns vor der Schule treffen und zur beschädigten Gedenkstelle laufen. Wir halten eine Schweigeminute ab, jeder kann Blumen mitbringen und niederlegen, und wir zeigen, dass wir anders sind und uns so was nicht gefallen lassen! Wir als Schüler*innen dieser Stadt sollen und dürfen nicht so dastehen, als würden uns diese Geschehnisse nicht beunruhigen. [...] Also kommt mit und setzt ein friedliches und couragiertes Zeichen. Vielleicht kommen ja auch noch die ein oder anderen Lehrer*innen mit.«[112]

Und es kamen Lehrer*innen, Jakobs Deutschlehrer zum Beispiel. Auch der Schulleiter war dabei. Vor allem aber kamen über 100 Mitschüler*innen von Jakob mit. Viele legten Blumen, besonders gelb leuchtende Sonnenblumen, an der Gedenkstätte ab. Gemeinsam machten die Jugendlichen darauf aufmerksam, dass es in Zwickau ein Naziproblem gibt. Sie setzten ein Zeichen, um zu zeigen, was sie sich so sehr wünschten: »Unser Zwickau ist bunt!«.

Die Bilder des Protestes wurden in ganz Deutschland gezeigt. In den Sozialen Medien bedankten sich Menschen: »Ihr seid so wunderbare Schüler*innen!«, schrieben sie. Oder: »Ihr gebt mir Hoffnung. Danke euch!!«

Zeitungen berichteten über Jakob und seine Mitstreiter*innen, von der Wochenzeitung »Die Zeit« wurde Jakob in die Liste der »100 wichtigsten jungen Ostdeutschen« aufgenommen. Bei einer Gedenkveranstaltung traf er die deutsche Bundeskanzlerin Angela Merkel und forderte die Gründung eines »Bildungs- und Dokumentationszentrums«. Denn Jakob wollte einen Platz, an dem Schüler*innen über die Situation in ihrem Land diskutieren können. Er griff damit eine Forderung anderer Aktivist*innen in Zwickau auf, die sich gegen Rechts engagierten.

Einmal mehr machte Jakob bei seinem Engagement eine Erfahrung, die ihn geprägt hat: Es gibt viele, die sich nicht abfinden wollen. Wer etwas ändern will, ist nicht allein, gemeinsam ist man stark: Auch die sächsische Landesregierung unterstützte die Gründung eines solchen Zentrums.

»Das ist ein Punkt gewesen, an dem man merkt, wie nah Politik sein kann und wie viel man erreichen kann«, sagt Jakob. »Durch unseren Druck ist wirklich etwas passiert. Genau das ist doch Demokratie, wie sie sein soll.«[113]

Nach der Schule will Jakob in Halle studieren, doch danach möchte er zurück nach Zwickau, weil sich in der Stadt, in der er groß geworden ist, noch etwas auf die Beine stellen lässt:

»Ich wünsche mir eine breite, offene und couragierte Gesellschaft. In Teilen ist die Gesellschaft noch zu leise. Ich wünsche mir, dass sich noch mehr Leute einbringen, dass noch mehr Leute schlechte Entwicklungen nicht ignorieren, sondern aktiv und bunt dagegenhalten.«[114]

Jakob Springfeld will einer von ihnen sein. Denn er weiß: Man kann etwas verändern – man muss nur zu seinen Überzeugungen stehen.

PUSSY RIOT

FEMINISTISCHE, REGIERUNGS- UND KIRCHENKRITISCHE PUNKROCK-BAND

>> Macht haben nicht diejenigen, die über Posten und Gefangenentransporter verfügen, sondern diejenigen, die ihre Angst überwinden.[115] <<
Nadeschda Tolokonnikowa

Dies ist die Geschichte eines Kampfes für: für die Freiheit der Meinungsäußerung, der Frauen und der Kunst. Es ist auch die Geschichte eines Kampfes gegen: gegen Autorität und Willkür, gegen konservative Strukturen, gegen Macht und Machtmissbrauch und gegen die Politik des russischen Präsidenten Wladimir Putin. Es ist eine Geschichte, zu der viele beigetragen haben. An ihrem Ende angekommen ist sie noch nicht.

Im Zentrum stehen drei junge Frauen: Marija Aljochina, Nadeschda Tolokonnikowa und Jekaterina Samuzewitsch.

Marija studierte in Moskau Journalistik und engagierte sich für Umweltprojekte und psychisch kranke Kinder.

Nadeschda studierte mit 16 Philosophie in Moskau, mit 18 wurde sie Mitglied der Künstlergruppe »Wojna«, was übersetzt »Krieg« heißt, und lernte dort ihren späteren Mann Pjotr Wersilow kennen.

Jekaterina war Programmiererin bei einem Rüstungskonzern, bevor sie sich an einer Fotoschule einschrieb.

Alle drei wurden politische Aktivistinnen und Performance-Künstlerinnen. Alle drei waren bei der Gründung der feministischen, kirchen- und regierungskritischen Punkrock-Band »Pussy Riot« dabei. Das war im Jahr 2011. Damals standen Parlamentswahlen in Russland an. Alles sah danach aus, dass Wladimir Putin noch mehr Macht bekommen würde. Doch genau das wollten die jungen Frauen und mit ihnen viele andere russische Künstler*innen und Intellektuelle unbedingt verhindern. Denn in ihren Augen stand Putin für eine rückwärtsgewandte, antidemokratische und menschenfeindliche Politik.

»Pussy Riot« bedeutet so viel wie »Muschi-Aufruhr«. Und ja, schon klar, das sagt man nicht. Doch der Name ist Programm. Bei den Auftritten von »Pussy Riot« geht es laut, wild, schrill und rebellisch zu. Der Punkrock-Band gehören um die zehn Frauen an. Sie wollen viel: mehr Rechte für Frauen, eine bessere Bildung für alle, ein besseres Gesundheitswesen. Sie machen sich für sexuelle Minderheiten stark. Um die russische Gesellschaft zu verändern, wollen sie stören, aufstören, verstören – so gesehen, ist »Pussy Riot« eine Kampfansage.

Stets tritt die Gruppe ohne Ankündigung und in unterschiedlicher Besetzung auf, an Orten, an denen tagtäglich viele Menschen sind: in U-Bahn-Stationen, auf Busdächern, an Tankstellen oder an öffentlichen Plätzen. Dann sind sie plötzlich da, packen ihre Instrumente aus, singen, springen herum, unberechenbar wie ein Sturm – und verschwinden wieder. Ihre Performances nehmen sie auf und stellen sie im Anschluss kostenlos ins Netz.

In ihren grellbunten Kleidern, Strumpfhosen und Sturmhauben sind sie nicht zu übersehen, zugleich verbergen sie ihre Gesichter. Das ist eine starke Ansage: Keine will mit dem, was sie tut, berühmt werden. Im Gegenteil. Dass die Frauen anonym bleiben, gehört zum Selbstverständnis der Gruppe dazu. Außerdem will »Pussy Riot« erreichen, dass Frauen nicht länger nur nach ihrem Aussehen beurteilt werden. Auch darum tragen sie Sturmhauben. Nicht zuletzt dienen die ihrem Schutz. Es ist wichtig, nicht erkannt zu werden, denn was »Pussy Riot« tut, ist verboten und kommt längst nicht bei allen Menschen in Russland gut an. Viele können über die Auftritte nur die Köpfe schütteln. Was soll das überhaupt sein – dieser Radau, diese Randale? Kunst etwa?

Zunächst war die Wirkung im eigenen Land also eher bescheiden. Weltbewegend war sie nicht. Das änderte sich am 21. Februar 2012. An diesem Tag feierten russisch-orthodoxe Gläubige in der Christ-Erlöser-Kathedrale in Moskau Gottesdienst. Die Kirche war bis auf den letzten Platz besetzt – da wurde das Schwarz und Grau der Mäntel plötzlich aufgemischt von Farbpunkten in Gelb, Orange, Pink, Rot, Türkis, Grün. »Pussy Riot« war da. Sie bewegten sich hektisch, wie bunte Blitze waren sie mal hier, mal da. In Windeseile bauten sie Mikros auf und sangen ein Punk-Gebet. Mit dabei: Marija, Nadeschda und Jekaterina. Weit kamen sie nicht. Alles ging ganz schnell, die Sicherheitskräfte waren schneller, sie schubsten die Frauen von den Mikros und schleppten sie nach gerade mal 40 Sekunden aus der Kirche. Was für ein Spektakel! Etliche der Gläubigen fühlten sich beleidigt. Genügend fanden: Das Maß ist voll.

RUSSLAND | PUSSY RIOT 171

Wegen grober Verletzung der öffentlichen Ordnung mussten sich Marija, Nadeschda und Jekaterina vor Gericht verantworten. Später würde es in der Anklage heißen, sie hätten dafür gebetet, dass die Jungfrau Maria Putin verjagen möge. Die drei hielten dagegen: »Pussy Riot« habe gegen die zu große Nähe von Staat und Kirche in Russland protestiert, konkret gegen Wladimir Putin und den Russisch-Orthodoxen Patriarchen Kyrill I., der ein Abtreibungsverbot durchsetzen wollte. Der wiederum verurteilte den Auftritt als Gotteslästerung. Ohne Reue würde es keine Vergebung durch die Kirche geben. Auch die Regierung wollte dieses Mal durchgreifen.

Die Bilder, die Marija, Nadeschda und Jekaterina während der Gerichtsverhandlung abgeschirmt in Glaskästen zeigen, gingen um die Welt. Dem Ansehen Russlands schadete das gewaltig. Die Unterstützung für »Pussy Riot« war groß. Berühmte Popstars erklärten sich solidarisch. Trotzdem. Am 17. August 2012 wurden die drei jungen Frauen wegen »Rowdytums aus religiösem Hass« zu je zwei Jahren Freiheitsentzug verurteilt. Sie legten Berufung ein – ohne Erfolg. Im Oktober gelang es der Anwältin von Jekaterina, zumindest deren Haftstrafe in eine Bewährungsstrafe umzuwandeln.

Politiker*innen wie die deutsche Bundeskanzlerin Angela Merkel oder der damalige US-Präsident Barack Obama kritisierten die unverhältnismäßig hohe Strafe. Am 23. Juli 2013 forderten 100 internationale Künstler*innen in einem offenen Brief die Freilassung der Aktivistinnen.

Um gegen die miserablen Haftbedingungen in Gefängnis und Arbeitslager zu protestieren, traten Marija und Nadeschda mehrfach in Hungerstreik. Auf diese Weise wollten sie sich dagegen wehren, dass sie bis zu 17 Stunden am Tag Uniformen nähen mussten, und bessere Bedingungen für alle Gefangenen durchsetzen. Im Dezember 2013 wurden ihnen im Rahmen einer landesweiten Amnestie die noch verbleibenden drei Monate ihrer Haftstrafe erlassen. Sie kamen frei. Sie blieben unbeugsam.

»Nach unserer Freilassung haben wir die Organisation ›Sona Prawa‹ gegründet, ›Zone des Rechts‹. Sie führt Verfahren für Gefangene«, berichtet Marija. »Wir hoffen, damit jenen eine Stimme zu geben, die sonst niemand hört – und eines Tages das System der Entmenschlichung in Russlands Gefängnissen zu überwinden. Außerdem haben wir die Website ›MediaZona‹ eingerichtet.«[116]

»MediaZona« berichtet über die russische Justiz, über politische Prozesse, über Folter und Menschenrechtsverletzungen in russischen Gefängnissen und Straflagern. Sie wurde zum meistgelesenen unabhängigen Medium Russlands.

Während der Winterolympiade 2014 in Sotschi protestierte »Pussy Riot« erneut. Ihr Auftritt dauerte keine Minute, da brachen russische Sicherheitskräfte die Performance gewaltsam ab. Einer schlug mit einer Peitsche auf die Künstlerinnen ein, ein anderer setzte Pfefferspray ein. Die Staatsmacht wehrte sich mit Händen und Füßen.

Auch 2015, am »Tag Russlands«, der jedes Jahr am 12. Juni begangen wird, protestierte »Pussy Riot«. Gegenüber dem Kreml nähten Marija und Nadeschda eine russische Flagge, dabei trugen sie Sträflingskleidung. Sie wurden verhaftet. Auf der Polizeiwache nähten sie weiter.

Im Februar 2016 stellte die Gruppe einen neuen Videoclip mit dem Titel »Chaika« ins Netz. Der Sprechgesang zu einem Verschnitt aus Marschmusik und Rap geht so:

»Ich liebe Russland, ich bin Patriotin«, »Lerne zu gehorchen« oder »Sei loyal mit

---

Wo die Punkrock-Band PUSSY RIOT auftritt, wird es laut und bunt. Sie legt sich mit der Regierung und mit der Kirche Russlands an, weil sie die Gesellschaft verändern will. Dafür zahlten die jungen Künstlerinnen einen hohen Preis. Für einen ihrer Auftritte wurden Marija Aljochina, Nadeschda Tolokonnikowa und Jekaterina Samuzewitsch zu zwei Jahren Lagerhaft verurteilt. Nadeschda war zu dem Zeitpunkt gerade mal 21 Jahre alt. Aufgegeben haben sie nicht.

den Mächtigen, denn Macht ist ein Geschenk Gottes«.[117]

Das ist natürlich blanke Ironie. Poppig inszeniert, wie ein künstliches, ein künstlerisches Spiel, ist es der bitterernste Angriff auf die korrupten Verhältnisse unter Wladimir Putin und Juri Tschaika, der von 2006 bis 2020 russischer Generalstaatsanwalt war und einer der engsten Vertrauten Putins.

Schließlich stürmten im Juli 2018, während der Fußball-Weltmeisterschaft in Russland, vier Aktivist*innen von »Pussy Riot« in Polizeiuniformen übers Spielfeld. Einer davon war Pjotr Wersilov. Zwei Monate später wurde er mit Vergiftungserscheinungen in das Krankenhaus der Berliner Charité ausgeflogen. Er überlebte, aber ungeklärt blieb, was genau passiert ist und wer hinter dem Anschlag steht.

Denn die Regierung Russlands ist ein mächtiger Gegner. Sich mit ihr anzulegen braucht Mut. Für diesen Mut wurden Marija und Nadeschda mehrfach ausgezeichnet.

So zum Beispiel 2014 mit dem »Václav-Havel Menschenrechtspreis« oder mit dem »Hannah-Arendt-Preis für politisches Denken« der Stadt Bremen.

Außerdem entstanden zwei Dokumentarfilme über die Punkrock-Band und den Gerichtsprozess sowie der Spielfilm »Die Moskauer Prozesse«. Nadeschda veröffentlichte 2016 das Buch »Anleitung für eine Revolution«. Autobiografie und Manifest zugleich erzählt es auch davon, wie man die eigene Angst überwinden kann.

Bis heute unterstützen Marija und Nadeschda »Pussy Riot«, aktiv mitmachen können sie allerdings nicht mehr. Dafür sind sie inzwischen zu berühmt. Das widerspricht der geforderten Anonymität der Gruppe, doch es hilft, um weiter zu kämpfen: für die Freiheit, gegen Macht und Machtmissbrauch in Russland.

BARNEY MOKGATLE, TSIETSI MASHININI, SELBY SEMELA
ANTI-APARTHEID-AKTIVISTEN

>> Wenn man verhaftet wird, wenn man gefoltert wird, wenn man auf der Straße nach seinem Pass gefragt wird: Wann immer ein Weißer einem etwas Schlimmes antut, spricht er gewöhnlich in Afrikaans zu uns. Afrikaans ist so für uns zum Symbol unserer Unterdrückung geworden.[118] <<
Barney Mokgatle

1948 verabschiedeten die Vereinten Nationen die »Allgemeine Erklärung der Menschenrechte«. Im ersten Artikel heißt es: »Alle Menschen sind frei und gleich an Würde und Rechten geboren.«[119]

Einer der wenigen Staaten, der nicht dafür stimmte, war Südafrika. Dort war zu jener Zeit eine rassistische Regierung an der Macht. Südafrika war mithin ein Land, in dem nicht alle Menschen frei und gleich waren. Apartheid hieß das System, das darauf ausgerichtet war, schwarze Menschen zu unterdrücken und wie Menschen zweiter Klasse zu behandeln. Die weißen Südafrikaner*innen fühlten sich ihnen überlegen – nur aufgrund der Hautfarbe.

Dieser Rassismus hat auf dem ganzen Kontinent und damit auch in Südafrika eine lange Geschichte: In der Zeit des Kolonialismus waren Europäer*innen nach Afrika gekommen. Sie unterdrückten die, die schon immer dort gelebt hatten. Sie töteten viele von ihnen. Sie beuteten die Menschen und die Natur aus, sie raubten Kunstschätze, nahmen sich einfach das Land und teilten es auf, als würde es ihnen gehören.

In Südafrika siedelten sich eine Zeit lang Briten an, vor allem aber ließen sich in der Region am südlichen Zipfel des afrikanischen Kontinents Menschen aus den Niederlanden nieder, die Buren. Deren Nachfahren waren es, die seit 1948 die Apartheid mit immer mehr Gesetzen festigten. In der Folge wurden schwarze Menschen von Wahlen ausgeschlossen. Sie durften keine Beziehungen mit weißen Menschen eingehen. Es gab gesonderte Eingänge in Ämtern und Geschäften, oftmals war es der Hintereingang, in öffentlichen Gebäuden mussten schwarze Menschen eigene Toiletten benutzen. Außerdem durften sie nur in bestimmten Gegenden wohnen, und es kam vor, dass sie einfach vertrieben wurden, wenn ihr Viertel eine Wohngegend für Weiße werden sollte. In den Städten durften sich schwarze Menschen höchstens 72 Stunden am Stück aufhalten, ansonsten mussten sie in gesonderten Siedlungen, sogenannten Townships, am Stadtrand leben. Diese Gegenden waren oft sehr arm, auch, weil schwarze Südafrikaner*innen schlecht bezahlte Arbeit verrichten mussten. Außerhalb der für sie bestimmten Viertel mussten sie stets ihren Pass bei sich tragen, ganz so, als befänden sie sich im Ausland. Dabei waren sie in ihrem eigenen Land.

Auch im Bildungssystem zeigte sich der Rassismus. Während die Schule und die Bücher für Weiße kostenlos waren, mussten schwarze Schüler*innen dafür bezahlen. Für Weiße gab es eine Schulpflicht, für Schwarze nicht. So wurde die Ungleichheit immer weiter befördert.

Im Jahr 1976 sollte das Schulsystem einmal mehr verändert werden. Bislang war die Unterrichtssprache Englisch – nun sollten einige Fächer ausschließlich auf Afrikaans gelehrt werden, einer Sprache, die ein bisschen so wie Niederländisch klang und darum stark an den Kolonialismus und die Unterdrücker*innen von damals erinnerte. Für die schwarzen Schüler*innen bedeutete das nicht nur, dass sie auf einmal wichtige Fächer in einer Sprache lernen mussten, die sie nicht beherrschten, sondern es bedeutete auch, dass sie eine Sprache sprechen mussten, mit der sie nur Schlechtes verbanden. Denn wann immer schwarze Menschen von der Polizei schikaniert wurden, sprach diese Afrikaans.

Die Schüler*innen wollten sich das nicht gefallen lassen und beschlossen zu streiken. Vor allem in Soweto, einem Township in der Nähe von Johannesburg, kochten die Proteste hoch. Dort organisierten Schüler*innen am 16. Juni 1976 eine Demonstration. Ihr Anführer war Tsietsi Mashinini, ein 19-jähriger Oberschüler und begabter Redner. Als die Schüler*innen an diesem kalten südafrikanischen Wintertag auf die Straße gingen, erinnerte er sie immer wieder daran, dass ihr Protest friedlich verlaufen solle. Die Kinder und Jugendlichen wollten einfach nur zeigen, dass sie mit dem neuen Gesetz nicht einverstanden waren, und wollten erreichen, dass es zurückgenommen wird.

Zwischen 10 000 und 20 000 Schüler*innen marschierten durch Soweto. Sie hielten Schilder und Transparente hoch mit Botschaften wie: »Nieder mit Afrikaans!«, sie sangen – Zeitzeug*innen erinnern sich an eine ausgelassene Stimmung. Doch auf einmal standen die Demonstrant*innen vor einer Wand von Polizist*innen. Die schossen zunächst mit Tränengas auf sie, dann hetzten sie Hunde auf sie, schließlich schossen sie mit scharfer Munition. Sie töteten friedlich demonstrierende Schüler*innen. Eines der ersten Todesopfer war der 12-jährige Hector Pieterson. Das Foto des sterbenden Jungen in den Armen eines verzweifelten Mitschülers ging um die Welt. Es wurde zum Symbol des rassistischen Unrechtsstaates Südafrika.

In den Tagen danach kam es zu Unruhen im ganzen Land. Junge schwarze Südafrikaner*innen zerstörten Bierhallen und Geschäfte von Weißen – Symbole der Ausbeutung und Unterdrückung. Die Polizei fuhr in gepanzerten Wagen durch die Straßen und erschoss viele, vor allem junge Menschen. Am Ende waren Hunderte tot, Zahllose wurden verhaftet. Tsietsi, der Anführer der Proteste, tauchte mit seinen Freunden Barney Mokgatle und Selby Semela unter. Selby war durch seine eher ruhige Art so etwas wie ein Gegengewicht zum selbstbewussten Tsietsi. Barney war schon etwas älter, er hatte ein Auto und konnte mit Tsietsi und Selby von einem heimlichen Treffen zum nächsten fahren, denn die Proteste sollten weitergehen.

Einige Wochen nach der Demonstration in Soweto und den brutalen Angriffen der Polizei demonstrierten die Schüler*innen erneut. Dieses Mal zogen sie vor das Polizeirevier in Johannesburg, um sich für die Freilassung ihrer Mitschüler*innen einzusetzen. Wieder war es zunächst eine friedliche Demonstration, aber als die Jugendlichen von der Polizei gestoppt wurden, kam es erneut zu Ausschreitungen.

Doch die Schüler*innen waren an diesem Tag nicht die Einzigen, die sich gegen das Unrechtsregime wehrten. Sie hatten inzwischen ihre Eltern aufgefordert, nicht zur Arbeit zu gehen, um ein weiteres Zeichen zu setzen und um den weißen Chefs wirtschaftlich zu schaden.

Anfangs zögerten manche Eltern, immerhin standen ihre Jobs und ihre Gehälter auf dem Spiel. Doch die Schüler*innen sabotierten die Bahnstrecke zu den Arbeitsplätzen. Es war der erste von mehreren sogenannten »Stay Aways«, an denen die Erwachsenen der Arbeit fernblieben. Sie dauerten jeweils drei Tage.

Die Journalistin Gisela Albrecht beschreibt die Streiks von 1976 in einem Buch über den Aufstand von Soweto so:

»Die Jugend, an strikten Gehorsam gegenüber Eltern und Älteren gewohnt, traf nun Entscheidungen von großer politischer und wirtschaftlicher Tragweite, ohne den Rat der Eltern vorher einzuholen. Völlig überrascht und zunächst widerstrebend sahen sich die Eltern diesem Bruch mit der Tradition gegenüber, erkannten dann aber entschlossen die Führung ihrer Kinder an. Ihre Resignation wandelte sich in Hoffnung. ›Die Jugend hat uns den Weg gewiesen‹, sagten sie.«[120]

Längst war die Wut über eine Reform des Schulsystems zu etwas bedeutend Größerem geworden. Tsietsi beschrieb die Situation in einem Interview so:

»Die Schüler*innen hatten genug – nicht nur von dem System der Unterdrückung an der Schule. Sondern vom System in diesem Land – die Art und Weise, wie Menschen regiert werden, wie Gesetze vom weißen Mann gemacht werden und all das [...]. Was die Menschen heute realisieren sollten – vor allem die weißen Menschen – ist, dass der Schüler von heute nicht sagt: ›Die Menschen müssen frei sein‹, sondern: ›Die Menschen werden frei sein.‹ Ich glaube, die Zeit ist nah, da die Menschen frei sein werden.«[121]

Tsietsi und seine Freunde fuhren in dieser Zeit von Treffen zu Treffen. Tag und Nacht organisierten sie Demonstrationen und Streiks, Tsietsi hielt Reden, um die Schüler*innen zu motivieren. Dem ersten »Stay Away« folgte ein zweiter, spätestens nach dem dritten bekamen etliche Geschäfte und Firmen ernsthafte Probleme, weil ihnen Einnahmen entgingen. Der Protest der Schüler*innen, den Barney, Tsietsi und Selby ins Leben gerufen hatten, zeigte also Wirkung.

Die beiden letzten »Stay Aways« konnten sie nur noch aus der Ferne verfolgen. Für sie war es in Südafrika zu gefährlich geworden. Vor allem Tsietsi wurde von der Polizei gejagt. Seit der ersten Schüler*innen-Demonstration standen Polizisten wiederholt bei ihm zu Hause vor der Tür. Oft mitten in der Nacht.

Inzwischen hatte die Polizei sogar eine Belohnung für Tsietsi ausgesetzt. Er war eine der meistgesuchten Personen Südafrikas geworden. Darum mussten er und seine Freunde Selby und Barney fliehen. In einer Nacht im August 1976 überquerten sie zu Fuß die Grenze zwischen Südafrika und dem Nachbarland Botswana. Die drei hatten große Angst, denn wenn sie erwischt würden, würden die Soldaten der südafrikanischen Armee auf sie schießen. Die ganze Nacht irrten

---

Jahrzehntelang unterdrückten Europäer*innen und ihre Nachfahren in Südafrika schwarze Menschen. Während der Zeit der sogenannten »Apartheid« sorgten rassistische Gesetze für ein System der Unterdrückung und Ausbeutung.
1976 demonstrierten Schüler*innen gegen eine weitere ungerechte Bildungsreform – und trugen dadurch schließlich zum Ende der Apartheid mit bei.

sie frierend durch die Dunkelheit, erst im Morgengrauen schafften sie es über die Grenze – doch erst als sie ein paar Tage später nach London fliegen konnten, waren sie endlich außer Lebensgefahr.

Von nun an kämpften Barney, Tsietsi und Selby vom Ausland aus gegen die Apartheid. Sie reisten in verschiedene Länder, hielten Vorträge und informierten über das Unrecht, das in ihrer Heimat geschah. Vor allem Tsietsi Mashinini wurde in seinen Ansichten immer radikaler, er dachte über bewaffneten Widerstand in Südafrika nach – nach Hause kehrte er nie wieder zurück. Er starb 1990 in Guinea unter mysteriösen und bis heute ungeklärten Umständen. Selby Semela wanderte in die USA aus und starb dort 2018. Barney Mokgatle lebt heute wieder in Südafrika und leitet seine eigene Stiftung, die sich unter anderem für gleiche Chancen auf Bildung einsetzt.

In Südafrika führten nach dem Aufstand von Soweto 1976 viele Schüler*innen ihren Schulstreik weiter fort. Sie weigerten sich, ihre Abschlussprüfungen abzulegen, auch den Nachholtermin ließen sie verstreichen. Für viele bedeutete das, dass sie ein ganzes Schuljahr verloren. Die Regierung zog schließlich den Erlass, der zum Protest der Schüler*innen geführt hatte, zurück und verbesserte in kleinen Schritten die Situation der schwarzen Schüler*innen.

Nach und nach begann die Macht des Regimes zu bröckeln. 1994 wurde die Apartheid offiziell abgeschafft und Nelson Mandela wurde der erste schwarze Präsident Südafrikas. Das ist auch das Verdienst der Schüler*innen.

Um sie zu ehren, ist der 16. Juni in Südafrika heute ein offizieller Feiertag. Er heißt »Youth Day«. »Tag der Jugend«.

GLOSSAR

AMNESTIE bedeutet, dass eine Strafe für einen verurteilten Menschen ganz oder teilweise erlassen wird. Es bedeutet aber nicht, dass die Verurteilung zurückgenommen wird oder Menschen für unschuldig erklärt werden.

ANTIFASCHISMUS bezeichnet alle politischen Bewegungen und Überzeugungen, die sich gegen jede Erscheinungsform des Faschismus, also eines diktatorischen Regierungssystems, wenden, wie zum Beispiel gegen den Faschismus in Italien in den 1920er Jahren, gegen den Nationalsozialismus in Deutschland während des Zweiten Weltkriegs oder gegen ähnliche politische Kräfte in Europa und Lateinamerika. Heute bezeichnet der Begriff jene Bewegung, die aktiv gegen den Neo-Nazismus, Neofaschismus, Rechtsextremismus und die Neue Rechte in der ganzen Welt vorgehen und gesellschaftliche Ursachen beseitigen wollen.

AUTISMUS ist keine Krankheit, sondern eine sogenannte »tiefgreifende Entwicklungsstörung«. Das kann zum Beispiel bedeuten, dass sich Autist*innen gegenüber ihren Mitmenschen anders verhalten und anders kommunizieren, als viele es gewohnt sind. Oft haben sie spezielle Interessen und herausragende Fähigkeiten. Heute spricht man auch häufig vom Autismus-Spektrum. Denn es gibt nicht nur den einen Autismus, sondern verschiedene Formen. Das Asperger-Syndrom ist eine davon. Generell erlebt aber jeder austistische Mensch seinen Autismus auf eine eigene Weise.

BOKO HARAM ist der Name einer islamistischen Terrorgruppe, die vor allem in Teilen von Nigeria aktiv ist, aber auch in angrenzenden Staaten. Sie ist für grausame Verbrechen verantwortlich – zum Beispiel für die Ermordung von Menschen, die einen anderen Glauben haben, für Bombenanschläge und für die Entführung von über 250 Schülerinnen im Jahr 2014.

BÜNDNIS 90/DIE GRÜNEN ist eine politische Partei in Deutschland mit dem Schwerpunkt Umweltpolitik. In Westdeutschland gründeten sich »Die Grünen« am 12./13. Januar 1980 in Karlsruhe, in der DDR bildeten während der politischen Umbrüche im Herbst 1989 die »Initiative Frieden und Menschenrechte«, »Demokratie Jetzt« sowie das »Neue Forum« das »Bündnis 90«. Nach der Bundestagswahl 1990 fusionierten die »Grüne Partei in der DDR« und die westdeutschen Grünen und waren im Bundestag vertreten, 1993 fusionierten die Grünen mit dem »Bündnis 90«.

Eine **BURKA** ist ein Kleidungsstück, das von einem Teil der Musliminnen getragen wird. Die Burka bedeckt Kopf und Körper komplett – auch das Gesicht. Vor den Augen gibt es ein Stoffgitter. Es gibt auch andere Formen von Verschleierung und Kopftuch. Ein Nikab ist ähnlich wie eine Burka, doch vor den Augen gibt es kein Gitter. Außerdem gibt es noch den Hidschab. Dabei handelt es sich um ein Kopftuch, das Kopf, Hals und Schultern bedeckt, das Gesicht aber frei lässt. Häufig werden die verschiedenen Bezeichnungen durcheinandergebracht.

EROSION bedeutet, dass durch den Einfluss von Wind und Wetter die oberste Schicht des Bodens abgetragen wird. Das kann unter anderem zu Erdrutschen führen. Die Folge von Erosion ist, dass der für die Landwirtschaft wichtige fruchtbare Boden verschwindet.

ETHNISCHE GRUPPEN bezeichnet eine Gemeinschaft, die sich als eine Einheit begreift, sei es innerhalb eines Staates oder auch über Landesgrenzen hinweg. Ethnische Gruppen können sich über verschiedene einende Gesichtspunkte definieren – zum Beispiel über Religion, Traditionen, Kultur oder Sprache, über eine gemeinsame Geschichte oder über gemeinsame körperliche Merkmale.

FEMINISMUS ist eine Bewegung, die es sich zum Ziel gesetzt hat, dass alle Menschen gleich behandelt werden – unabhängig von ihrem Geschlecht. Historisch betrachtet ging es dabei zunächst um die Gleichberechtigung von Männern und Frauen. Daher auch die Bezeichnung, denn darin steckt das lateinische Wort »femina«, also »Frau«. Auch heute kämpfen Feminist*innen noch gegen Vorurteile und Ungleichbehandlung an.

Unter dem Motto **»FRIDAYS FOR FUTURE«**, was auf Deutsch »Freitage für die Zukunft« bedeutet, gehen weltweit Schüler*innen, Auszubildende und Studierende auf die Straße, organisieren freitägliche Schulstreiks und weltweite Demonstrationen. Sie fordern einen Klimaschutz, der den Namen verdient, die Einhaltung der Ziele des »Pariser Klimaabkommens« und die schnelle und nachhaltige Verringerung von **TREIBHAUSGAS-EMISSIONEN**. Das Ziel der sozialen Bewegung: Die Klimakrise zu bekämpfen und die Zukunft des Planeten zu sichern.

Das oder der **HAIKU** kommt aus Japan und gilt als die kürzeste Gedichtform der Welt. Die ersten Haikus wurden im 16. Jahrhundert geschrieben. Ein Haiku ist ein Dreizeiler aus 17 Silben.

Der **HUNGERSTREIK** ist eine besonders extreme Form des Widerstandes. Dabei hören die Menschen auf zu essen und manchmal auch zu trinken, um besonders nachdrücklich gegen Missstände zu protestieren und dafür zu sorgen, dass ihren Forderungen entsprochen wird. Dabei setzen sie ihr Leben aufs Spiel.

Als **INDIGENE BEVÖLKERUNG** wird der Teil einer Bevölkerung bezeichnet, der schon in einer bestimmten Region gelebt hat, lange bevor andere Menschen das jeweilige Gebiet erobert oder dort einen Staat gegründet haben. Indigene Gruppen legen großen Wert darauf, dass ihre Traditionen bewahrt werden, und fühlen sich mit ihrer Heimat auf besondere Weise verbunden. In den Staaten, in denen sie heute leben, sind sie häufig Minderheiten. Sie mussten in der Geschichte oft die Erfahrung machen, unterdrückt, vertrieben oder verfolgt zu werden.

INDUSTRIENATIONEN sind die Staaten, in denen Industriebetriebe das meiste Geld erwirtschaften. Mit Industrie waren früher vor allem die Fabriken und Werkstätten gemeint, die Rohstoffe weiterverarbeitet haben. Zu den Industrienationen zählen Länder wie Deutschland, die USA, Kanada oder Japan. Heute ist der Begriff etwas veraltet, weil in vielen der genannten Länder inzwischen Dienstleistungen wichtiger sind. Trotzdem wird die Bezeichnung nach wie vor verwendet – gerade wenn es um den Klimawandel geht. Denn Industrienationen eint, dass sie einen sehr großen CO_2-Fußabdruck haben.

INTELLEKTUELLE sind Menschen, die sehr belesen und gebildet sind. Die Bezeichnung leitet sich vom lateinischen Wort »intellēctus« ab, was so viel wie »Verstehen« oder »Erkenntnisvermögen« bedeutet. Intellektuelle befassen sich häufig mit Literatur, Kunst, Kultur oder Geisteswissenschaften – also zum Beispiel Philosophie. Oftmals denken sie über gesellschaftliche Debatten nach und nehmen auch an ihnen teil.

JIM-CROW-GESETZE nennt man die Gesetze, die auch nach der Abschaffung der Sklaverei für die Diskriminierung und Unterdrückung von Afroamerikaner*innen sorgten. Die Jim-Crow-Gesetze gab es seit 1877, und sie schrieben beispielsweise eine »Rassentrennung« in Zügen, Bussen oder Schulen vor. Benannt waren sie nach Jim Crow, einer Kunstfigur, die viele rassistische Vorurteile über schwarze Menschen verkörperte. Die Jim-Crow-Gesetze wurden in Folge der amerikanischen Bürgerrechtsbewegung in den 1960er-Jahren abgeschafft. Kritiker*innen sagen aber, dass das Rechtssystem in den USA bis heute rassistisch ist.

KOLONIALISMUS bezeichnet eine Zeit, in der vor allem europäische Länder Gebiete und ihre Bewohner*innen in anderen Teilen der Welt unter ihre Herrschaft brachten. So besetzte Spanien nach der »Entdeckung« Südamerikas durch Christoph Columbus das heutige Mexiko. Im 19. und 20. Jahrhundert hatten viele europäische Staaten Kolonien auf dem afrikanischen Kontinent. Dabei waren die Kolonialmächte stets der Meinung, sie seien den dort lebenden Menschen (→ indigene Bevölkerung) überlegen und würden sie überhaupt erst »zivilisieren«. Stattdessen war es der Freibrief, um die Menschen besonders schlecht und grausam zu behandeln. Sie töteten viele, beuteten das Land aus und bereicherten sich selbst.

Eine **LOBBYGRUPPE** versucht, Einfluss auf die Politik zu nehmen und die Gesellschaft in ihrem jeweiligen Sinne zu beeinflussen. Die Menschen, die das tun, werden Lobbyist*innen genannt. Lobbyismus ist nicht verboten, und es gibt ihn in ganz unterschiedlichen Bereichen: in der Auto-Industrie, bei Energiekonzernen, in der Medikamentenherstellung, aber auch im Bereich der Menschenrechte. Doch die Lobbygruppen aus der Wirtschaft haben besonders viel Einfluss. Kritiker*innen weisen darauf hin, dass deren Arbeit oft zu sehr im Verborgenen stattfindet und sie zu viel Macht haben.

MESSENGER-DIENSTE sind Programme, mit denen man sich Nachrichten oder Emojis schicken kann. Die meisten Menschen nutzen sie über ihre Smartphones. Einer der bekanntesten Messenger-Dienste ist WhatsApp.

NEO-NAZIS hängen auch nach dem Ende des Zweiten Weltkriegs derselben Ideologie an, die die Nationalsozialisten vor 1945 vertreten haben. Daher der Ausdruck Neo-Nazis, also »neue Nazis« (»néos« ist griechisch und bedeutet so viel wie »neu«). Neo-Nazis haben ein fremdenfeindliches Weltbild – gemeint ist damit das, was sie als fremd empfinden. Sie glauben außerdem, dass beispielsweise Menschen mit Behinderung, Homosexuelle (→ sexuelle Minderheiten) oder Obdachlose weniger wert sind. Außerdem wollen Neo-Nazis keine Demokratie, sondern eine Diktatur. Sie gehören zur sogenannten »rechtsextremen Szene«.

NSU ist die Abkürzung für »Nationalsozialistischer Untergrund«. Diese rechtsextreme deutsche Terrorgruppe bestand aus drei Mitgliedern. Die Gruppe ermordete zwischen 2000 und 2007 insgesamt zehn Menschen – eine Polizistin und neun Männer, die alle nicht in Deutschland geboren worden waren, sondern aus der Türkei oder Griechenland kamen. Die Mordopfer hatten bis dahin aber schon lange in Deutschland gelebt, sie führten kleine Geschäfte und hatten Familie und Freund*innen. Lange Zeit verdächtigte die Polizei keine Rechtsextremist*innen, sondern glaubte, dass die Opfer in kriminelle Geschäfte verwickelt waren. Im Nachhinein sorgte das für viel Empörung. Die Mitglieder des NSU lebten im Untergrund und konnten sich auf ein Netzwerk von Unterstützer*innen verlassen. Bis heute ist der ganze NSU-Komplex nicht endgültig aufgeklärt. Die Namen der Ermordeten lauten: Enver Şimşek, Abdurrahim Özüdoğru, Süleyman Taşköprü, Habil Kılıç, Mehmet Turgut, İsmail Yaşar, Theodoros Boulgarides, Mehmet Kubaşık, Halit Yozgat und Michèle Kiesewetter.

PASCHTUNEN sind eine Volksgruppe, die vor allem in Afghanistan und Pakistan lebt. In Pakistan stellen die Paschtunen eine – wenn auch große – Minderheit dar. Besonders die Paschtunen, die aus der Grenzregion zu Afghanistan kommen, waren in jüngster Zeit immer wieder Unterdrückung und Benachteiligung ausgesetzt.

Ein PATRIARCH bekleidet das höchste Amt in der Russisch-Orthodoxen Kirche.

PEOPLE OF COLOR Es ist nicht leicht, über die Hautfarbe von Menschen zu sprechen. Viele Begriffe haben eine eigene Geschichte und werden von den Menschen, die damit belegt werden, heute als kränkend und rassistisch empfunden. Das hat zum Beispiel damit zu tun, dass sie verächtlich oder als Beleidigung verwendet wurden. »People of Color« ist dagegen eine selbst gewählte Bezeichnung von Menschen, die sich selbst nicht als weiß definieren und auch von einer weißen Mehrheitsgesellschaft nicht so gesehen werden. »People of Color« teilen die Erfahrungen von Rassismus und Ausgrenzung. Der Begriff stammt aus den USA, wird aber auch in Deutschland verwendet.

SABOTIEREN bedeutet, etwas durch Sabotage zu stören bzw. zu vereiteln. Als Sabotage bezeichnet man die absichtliche Störung eines wirtschaftlichen oder militärischen Ablaufs, etwa durch die Beschädigung oder Zerstörung von Geräten, Maschinen oder der Infrastruktur wie zum Beispiel Eisenbahnschienen. Dies geschieht meist, um ein politisches Ziel zu erreichen. So gesehen ist Sabotage ein Mittel des politischen Kampfes.

Mit der Bezeichnung SEXUELLE MINDERHEITEN sind Menschen gemeint, die aufgrund ihrer sexuellen Orientierung in einer Gesellschaft unterrepräsentiert sind, also weniger vorkommen und gesehen werden. Dazu werden in der Regel homosexuelle Menschen gezählt, ebenso wie Bisexuelle, Transgender und Intersexuelle. Noch immer müssen Angehörige sexueller Minderheiten häufig Diskriminierung ertragen, in manchen Ländern werden sie sogar verfolgt und wie Kriminelle behandelt.

STURMHAUBEN sind Mützen, die das ganze Gesicht bedecken und meist nur Öffnungen für Mund und Augen haben. Menschen mit Sturmhauben sehen oft etwas gefährlich oder unheimlich aus. Ihren Träger*innen bieten sie die Möglichkeit, unerkannt zu bleiben.

TALIBAN nennt man die fundamentalistische islamische Bewegung, die eine besonders strenge Auslegung des Koran und ein überaus traditionelles Weltbild durchsetzen will. Um das zu erreichen, wenden sie häufig Gewalt an.

Unter TREIBHAUSGAS-EMISSIONEN versteht man den Ausstoß (das bedeutet Emission) von sogenannten Treibhausgasen. Sie sind dafür verantwortlich, dass sich die globale Temperatur immer weiter erhöht. Zu den Treibhausgasen zählt CO_2, das etwa bei der Verbrennung von Kohle und durch Abgase von Autos oder Flugzeugen entsteht. Ein anderes Treibhausgas ist das sogenannte Methan. Das stoßen zum Beispiel Rinder beim Rülpsen und Pupsen aus. Wenn man die Klimaerwärmung begrenzen will, müssen die Treibhausgas-Emissionen gesenkt werden.

Die UNESCO ist eine Unterorganisation der Vereinten Nationen. Das Ziel dieser Organisation ist es, internationale Zusammenarbeit und Austausch in den Bereichen Bildung, Wissenschaft und Kultur zu fördern. Bekannt ist die UNESCO zum Beispiel für ihre Welterbe-Liste, in die unter anderem Bauwerke oder Altstädte aufgenommen werden, die als besonders schützenswert gelten.

WAFFENLOBBY s. Lobbygruppe

QUELLEN

LOUIS BRAILLE
1 Zit. in: Clifford E. Olstrom: Undaunted By Blindness. Concise biographies of 400 people who refused to let visual impairment define them. Perkins School for the Blind: 2011. 2 Zit in: Louis Braille – Erfinder eines universellen Schriftsystems für blinde Menschen, Deutsche Nationalbibliothek: Zeichen – Bücher – Netze. https://mediengeschichte.dnb.de/DBSMZBN/Content/DE/LauteZeichenSchriften/01-braille-louis.html

GRETA THUNBERG
3 Zit. in: Damian Carrington: ›Our leaders are like children‹, school strike founder tells climate summit, The Guardian, 4.2.2018. https://www.theguardian.com/environment/2018/dec/04/leaders-like-children-school-strike-founder-greta-thunberg-tells-un-climate-summit 4 Zit. in: Anne Brühl: »Ohne Asperger wäre das hier nicht möglich«, ZDF.de, 6.2.2019. https://www.zdf.de/nachrichten/heute/greta-thunberg-interview-auslandsjournal-100.html 5 Zit. in: ebd. 6 Zit. in: Annette Kögel und Niklas Liebetrau: Greta Thunberg, 15: »Mein Appell an die Welt«, Der Tagesspiegel, 20.12.2018. https://www.tagesspiegel.de/berlin/klimaaktivistin-greta-thunberg-15-mein-appell-an-die-welt/23779892.html

EMMA GONZÁLEZ
7 Emma Gonzalez: Emma González on Why This Generation Needs Gun Control, teenVogue, 23.03.2018. https://www.teenvogue.com/story/emma-gonzalez-parkland-gun-control-cover 8 Emma Gonzalez's powerful March for Our Lives speech in full, 24.03.2018. https://www.youtube.com/watch?v=u46HzTGVQhg 9 ebd. 10 ebd. 11 Emma González: Emma González on Why This Generation Needs Gun Control, teenVogue, 23.03.2018. https://www.teenvogue.com/story/emma-gonzalez-parkland-gun-control-cover 12 ebd.

CLAUDETTE COLVIN
13 Zit. in: Phillip Hoose: Making their Mark: Black Women Leaders, aus: Stories of African-American Achievement, IIP, US-Außenministerium, de.usembassy.gov 14 Taylor-Dior Rumble: Claudette Colvin: The 15-year-old who came before Rosa Parks, BBC Stories, 10. März 2018, www.bbc.com/news/stories-43171799 15 ebd. 16 Zit. in: Phillip Hoose: Making their Mark: Black Women Leaders, a.a.O. 17 Zit. in: ebd.

KELVIN DOE
18 Kelvin Doe bei seinem TEDxTeen-Vortrag, TEDx Talks, hochgeladen am 23. März 2013. https://www.youtube.com/watch?v=wQigsI3xsHw 19 ebd. 20 15-Yr-Old Kelvin Doe Wows M.I.T., THNKR, hochgeladen am 16. November 2012. https://www.youtube.com/watch?v=XOLOLrUBRBY&feature=emb_title

AMIKA GEORGE
21 Amika George: Girls are still missing school because of period poverty. There is an answer, The Guardian, 8. Januar 2019, https://www.theguardian.com/commentisfree/2019/jan/08/girls-school-period-poverty-scotland-free-menstrual-products-england-campaign 22 Amika Georges Vortrag beim TEDxCoventGardenWomen, TEDx Talks, hochgeladen am 7. Dezember 2017. https://www.youtube.com/watch?v=1WRuKvLMkpA&feature=emb_logo 23 Amika George: Girls are still missing school because of period poverty. There is an answer, a.a.O. 24 Amika Georges Vortrag beim TEDxCoventGardenWomen, a.a.O. 25 Zit. in: Brittney McNamara: Amika George Is Here to remind That Periods Are Not Gross«, teenVogue, 5. November 2018, https://www.teenvogue.com/story/amika-george-21-under-21-2018

XIUHTEZCATL MARTINEZ
26 Zit. in: Interview with Xiuhtezcatl Martinez, Real Time with Bill Maher, 24. Juni 2016. https://www.youtube.com/watch?v=PvWnwOWm5o4 27 Zit. in: Jan Philipp Burgard: USA: Der Klimajunge, Weltspiegel, 14. Juli 2019 https://www.daserste.de/information/politik-weltgeschehen/weltspiegel/sendung/usa-der-klimajunge-100.html 28 Xiuhtezcatl Martinez bei seiner ersten öffentlichen Rede, Earth Guardi-

ans, hochgeladen am 30. Juni 2017. https://www.youtube.com/watch?v=eKpjYFvSKRM   29 Xiuhtezcatl Martinez: Climate Activist Xiuhtezcatl Martinez: This Earth Day, I Believe Bernie Sanders Has Our Back on Climate Change, teenVogue, 22. April 2019. https://www.teenvogue.com/story/climate-activist-xiuhtezcatl-martinez-earth-day-op-ed-bernie-sanders-climate-change   30 Zit. in: Climate activist Martinez: ›People power‹ can overcome big money, Al Jazeera, 28. Dezember 2019, https://www.aljazeera.com/programmes/upfront/2019/12/climate-activist-martinez-people-power-overcome-big-money-191227230839532.html   31 Xiuhtezcatl Martinez' Rede vor den Vereinten Nationen, United Nations, 29. Juni 2015. https://www.youtube.com/watch?v=27gtZ1oV4kw   32 Xiuhtezcatl – Broken [Official Audio], Xiuhtezcatl, hochgeladen am 27. Juli 2018. https://www.youtube.com/watch?v=LKUZJjxm9Vs

MALALA YOUSAFZAI

33 Malala Yousafzais Rede vor den Vereinten Nationen, 12. Juli 2013, https://www.kindernetz.de/infonetz/politik/frauenrechte/malalarede/-/id=271614/nid=271614/did=286006/a46uoz/index.html   34 Malala Yousafzai mit Patricia McCormick: Malala. Meine Geschichte, S. Fischer Verlag: 2014, S. 89   35 Ebd., S. 97   36 Ebd., S. 159   37 Malala Yousafzais Rede vor den Vereinten Nationen am 12. Juli 2013, a.a.O.   38 Zit. in: Lara Fritzsche: Der Fluch der guten Tat, Süddeutsche Zeitung Magazin, 6. Oktober 2015, https://sz-magazin.sueddeutsche.de/politik/der-fluch-der-guten-tat-81724   39 Malala Yousafzais Rede vor den Vereinten Nationen am 12. Juli 2013, a.a.O.

BOYAN SLAT

40 Zit. in: The ocean plastic cleanup of Boyan Slat, vpro documentary, hochgeladen am 14. Oktober 2018. https://www.youtube.com/watch?v=W-N9-g_IzAY&feature=emb_logo   41 Zit. in: ebd.   42 Boyan Slat: How We Showed the Oceans Could Clean Themselves, 3. Juni 2014. https://www.youtube.com/watch?v=QpDxE8BhPSM&feature=youtu.be&t=372

ELYSE FOX

43 Zit. in: Ein Gefühl von Gemeinschaft. Mit Elyse Fox. https://www.timberland.de/blog/inspiration/ein-gefuhl-von-gemeinschaft-mit-elyse-fox.html   44 Zit. in: Bianca Ocampo: Getting to know Elyse Fox, NBGA MAGAZINE, nobasicgirlsallowed.com, 29. September 2019. https://nobasicgirlsallowed.com/getting-to-know-elyse-fox-founder-of-sad-girls-club/   45 ebd.

NETIWIT CHOTIPHATPHAISAL

46 Netiwit Chotiphatphaisal in seiner Rede vor dem Oslo Freedom Forum, 30. Mai 2018. https://hrf.org/events_talks/the-student-vs-the-military/   47 ebd.   48 Zit. in: Thomas Fuller: In Thailand's Schools, Vestiges of Military Rule, The New York Times, 28. Mai 2013. https://www.nytimes.com/2013/05/29/world/asia/thai-students-find-government-ally-in-push-to-relax-school-regimentation.html   49 Zit. in: Asaree Thaitrakulpanich: Thorn in the pillar: Freshman makes enemies upsetting tradition. Allies too, Khaosod English, 25. September 2016, http://www.khaosodenglish.com/politics/2016/09/25/thorn-pillar-freshman-makes-enemies-upsetting-tradition-allies/   50 Netiwit Chotiphatphaisal: Why Do I Refuse to Attend the Fourth of July Reception?, Website von »The International Congress of Youth Voices«. https://www.internationalcongressofyouthvoices.com/netiwit-chotiphatphaisal   51 Selbstbeschreibung auf der Website des Verlages »Sam Nak Nisit Sam Yan Publishing«. https://samyanpress.org/en/about-us/

MIKALIA ULMER

52 Zit. in: Karen Gilchrist: 14-year-old 'Shark Tank' success shares her best piece of advice for entrepreneurs, CNBC, 17. Juli 2019. https://www.cnbc.com/2019/07/17/shark-tank-success-mikaila-ulmer-shares-best-advice-for-entrepreneurs.html   53 Zit. in: ebd.   54 Zit. in: Being a 13-year-old is hard. Being a 13-year-old CEO is even harder. https://www.microsoft.com/inculture/own-the-process-female-entrepreneurs/mikaila-ulmer/

LEGALLY BLACK

55 Liv Francis-Cornibert: If our posters shock you, you're not seeing enough black faces in leading roles, inews.co.uk, 6. September 2019. https://inews.co.uk/news/uk/legally-black-bus-posters-comment-335539   56 Zit. in: Rupert Neate: Young Brixton activists recreate film posters with black leads, The Guardian, 3. März 2018. https://www.theguardian.com/uk-news/2018/mar/03/young-brixton-activists-recreate-film-posters-with-black-leads   57 Zit. in: ebd.   58 Leah Cowan: I believe everything we are fighting for is possible: young activists talk tactics, The Guardian, 11. August 2018. https://www.theguardian.com/world/2018/aug/11/believe-fighting-for-possible-young-activists?CMP=share_btn_fb   59 ebd.

GAVIN GRIMM

60 Zit. in: Gavin Grimm Suits Up For The Supreme Court, ACLU, hochgeladen am 3.Februar 2017, https://www.youtube.com/watch?v=_eny6enTdQ0   61 Zit. in: ebd.   62 Zit. in: A Boy Named Gavin, ACLU, hochgeladen am 23. April 2017. https://www.youtube.com/watch?v=DKGxQ7GP5KI   63 Zit. in: Gavin Grimm Suits Up For The Supreme Court, a.a.O.   64 Zit. in: Transgender-Schüler verklagt High-School wegen Toiletten, SPIEGEL.de, 15. Juni 2015. https://www.spiegel.de/lebenundlernen/schule/transgender-schueler-verklagt-high-school-wegen-toiletten-a-1038816.html   65 Zit. in: Matt Stevens: Transgender Student in Bathroom Dispute Wind Court Ruling, The New York Times, 22. Mai 2018. https://www.nytimes.com/2018/05/22/us/gavin-grimm-transgender-bathrooms.html   66 Zit. in: Dawn Ennis: Transgender Man Gavin Grimm Wins Court Fight He Started As A Boy, Forbes, 10. August 2019. https://www.forbes.com/sites/dawnstaceyennis/2019/08/10/transgender-man-gavin-grimm-wins-court-fight-he-started-as-a-boy/#2aae75363a1e

UMAZI MUSIMBI MVURYA

67 Zit. in: I am Kenyan, Good News Broadcasting System Kenya, hochgeladen am 05. August 2012. https://www.youtube.com/watch?v=ixpCo2MYu-OM&feature=youtu.be   68 Umazi Musimbi Mvurya bei ihrem TEDxTeen-Talk, hochgeladen am 28. März 2013. https://www.youtube.com/watch?v=DCZ11J_iYBI   69 ebd.   70 Zit. in: I am Kenyan, Good News Broadcasting System Kenya, a.a.O.   71 Umazi Musimbi Mvurya in einem Facebook-Post, 12. Dezember 2018. https://www.facebook.com/UMvurya/posts/1989566251139541?__tn__=-R

FELIX FINKBEINER

72 Felix Finkbeiner bei einer Rede im Rahmen einer Scheckübergabe durch Donner & Reuschel, hochgeladen am 26. Februar 2019. https://www.youtube.com/watch?v=RmRh_Hn4HL4   73 Felix Finkbeiner in einem E-Mail-Interview mit der Autorin, November 2019   74 ebd.   75 Zit. in: Cathrin Kahlweit: Der Wipfelstürmer, Süddeutsche Zeitung, 9. März 2018. https://www.sueddeutsche.de/leben/portraet-wipfelstuermer-1.3895797   76 Zit. in: Petra Apfel: Felix Finkbeiner will die Welt mit Bäumen pflastern – und so das Klima retten, FOCUS online, 2. März 2019. https://www.focus.de/perspektiven/mutmacher/1000-milliarden-baeume-als-ziel-felix-finkbeiner-will-die-welt-mit-baeumen-pflastern-und-so-das-klima-retten_id_10388413.html   77 Cathrin Kahlweit, a.a.O.   78 Zit. in: Petra Apfel, a.a.O.   79 Felix Finkbeiner bei einer Rede im Rahmen einer Scheckübergabe durch Donner & Reuschel, a.a.O.   80 Zit. in: Tin Fischer: Auf dem Baum der Erkenntnis, DIE ZEIT, 4. Juli 2019. https://www.zeit.de/2019/28/felix-finkbeiner-aufforstung-baeume-plant-for-the-planet   81 Felix Finkbeiner in einem E-Mail-Interview mit der Autorin, a.a.O.

KAROLÍNA FARSKÁ

82 Face To Face with Karolína Farská, PDCS, hochgeladen am 25. Juli 2018. https://www.youtube.com/watch?v=RM6BoNJdOiE&t=286s   83 Zit. in: Proteste in Bratislava gegen Korruption, Deutsche Welle, 18. April 2017. https://www.dw.com/de/proteste-in-bratislava-gegen-korruption/a-38479277

SOLLI RAPHAEL

84 Solli Raphael: Limelight, Penguin Random House Australia: 2018, S. 4   85 Auszug aus dem Gedicht »Evolution«. https://solliraphael.com.au/poetry   86 Solli Raphael: Limelight, a.a.O., S. 7   87 https://solliraphael.com.au/   88 ebd.

RAYOUF ALHUMEDHI

89 Julia Lorenz: Hidschab gehört aufs Handy, taz, 16. September 2016. https://taz.de/Schuelerin-ueber-Kopftuch-Emoji/!5341130/   90 ebd.   91 Rayouf Alhumedhi in einer Diskussion bei reddit, 13. September 2016. https://www.reddit.com/r/TwoXChromosomes/comments/52l57e/im_submitting_a_proposal_to_unicode_for_a/d7l4rtn/   92 UTC Document Submission: HIJAB/HEADSCARF EMOJI, 20. September 2016. http://www.unicode.org/L2/L2016/16284-hijab-headscarf-emoji.pdf   93 Zit. in: Judith Vonberg, Atika Shubert and Nadine Schmidt: Teen behind new hijab emoji: 'I just wanted an emoji of me', CNN, 18. Juli 2017. https://edition.cnn.com/2017/07/18/europe/hijab-emoji-teenager/index.html

HAILEY FORT

94 Hailey Fort in King 5 News, zit. in: Hailey Fort: Builder of Shelters for the Homeless, Rejected Princesses. https://www.rejectedprincesses.com/blog/modern-worthies/hailey-fort   95 https://www.gofundme.com/f/HaileysHarvest   96 Hailey Fort in einem Facebook-Posting am 4. April 2018. https://www.facebook.com/Haileysharvest/photos/a.607405156025239/1506987979040281/   97 Zit. in: Steven Gardner: Small child renders big service,

Kitsap Sun, 17. Juni 2015. http://archive.kitsapsun.com/news/local/small-child-renders-big-service-ep-1140135595-354656781.html

JOSHUA WONG

98 Zit. in: Joshua: Teenager gegen Supermacht, Netflix: 2017. https://www.netflix.com/de/title/80169348   **99** Joshua Wong: Scholarism On The March, New Left Review Nr. 92, März/April 2015. https://newleftreview.org/issues/II92/articles/joshua-wong-scholarism-on-the-march   **100** ebd.   **101** Zit. in: Joshua: Teenager gegen Supermacht, a.a.O.

JULIA BLUHM

102 Zit. in: Julia Bluhm, 14, Leads Successful Petition For Seventeen Magazine To Portray Girls Truthfully, The Huffington Post, 7. Mai 2012. https://www.huffpost.com/entry/julia-bluhm-seventeen-mag_n_1650938   **103** Zit. in: Chrysula Winegar: Watch us. Teen Girls Taking on the World and Making an Impact, The Huffington Post, 19. März 2013. https://www.huffpost.com/entry/julia-bluhm-izzy-labbe_b_2904622   **104** Julia Bluhm and Izzy Labbe at TEDxWomen 2012, TEDx Talks, hochgeladen am 04. Dezember 2012. https://www.youtube.com/watch?v=LOdyhEeYnJI   **105** Zit. in: Greg Botelho: Seventeen magazine vows not to alter images, to 'celebrate every kind of beauty', CNN, 6. Juli 2012. https://edition.cnn.com/2012/07/06/us/seventeen-magazine-vows-not-to-alter-images-to-celebrate-every-kind-of-beauty/index.html   **106** Zit. in: Nadia Petschek Rawls: What a girl wants? Fewer Photoshopped images of women in magazines, for starters, IDEAS.TED.COM, 15. November 2013. https://ideas.ted.com/young-voices-why-teenagers-have-a-lot-to-offer-a-qa-with-teen-activist-julia-bluhm/   **107** Zit. in: ebd.

JAKOB SPRINGFELD

108 Zit. in: Mutig gegen den rechten Hass: »Ängstlich? Bin ich null Komma null«, Redaktionsnetzwerk Deutschland, 18. November 2019. https://www.rnd.de/politik/mutig-gegen-den-rechten-hass-angstlich-bin-ich-null-komma-null-JP6L47ZK2VBSLHSTW4ETUI-2L4Y.html   **109** Zit. in: Tessa Högele: NSU-Mahnmal in Zwickau: Wie sich der Schüler Jakob Rechten entgegenstellt, 8. Oktober 2019, ze.tt. https://ze.tt/nsu-mahnmal-in-zwickau-wie-sich-der-schueler-jakob-rechten-entgegenstellt/   **110** Zit. in: Tim Lüddemann: Wo Klimaaktivist*innen von Rechten bedroht werden, jetzt, 10. Dezember 2019. https://www.jetzt.de/politik/politik-hass-auf-fridays-for-future   **111** Zit. in: Hass auf Fridays For Future - Wie Schüler*innen in Zwickau von Rechten angefeindet werden, Supernova Das Leftstyle-Magazin, 19.12.2019. https://www.youtube.com/watch?v=wkYwyDSuY3k   **112** WhatsApp-Nachricht von Jakob Springfeld an seine Mitschüler*innen.   **113** Jakob Springfeld in einem Interview mit dem Autor, Dezember 2019.   **114** Jakob Springfeld in einem Fragebogen für »Wir sind der Osten«, https://wirsindderosten.de/menschen/jakob-springfeld/.

PUSSY RIOT

115 Zit. in: Boris Pofalla: Und Gott schuf die Feministin, Frankfurter Allgemeine Zeitung, 29. Februar 2016. https://www.faz.net/aktuell/feuilleton/buecher/themen/buch-der-pussy-riot-gruenderin-nadja-tolokonnikowa-14081707.html   **116** Zit. in: Ralph Geisenhanslüke: «Es kommt vor, dass ich von der Zeit im Straflager träume", ZEIT MAGAZIN, 27. Dezember 2017. https://www.zeit.de/zeit-magazin/2018/01/mascha-alechina-pussy-riot-traum   **117** Pussy Riot: CHAIKA, wearepussyriot, hochgeladen am 3. Februar 2016. https://www.youtube.com/watch?v=VakUH-HUSdf8

TSIETSI MASHININI, BARNEY MOKGATLE, SELBY SEMELA

118 Zit. in: Gisela Albrecht: Soweto oder Der Aufstand der Vorstädte. Gespräche mit Südafrikanern, Rowolth Taschenbuch Verlag GmbH: 1977, S. 36   **119** Allgemeine Erklärung der Menschenrechte, https://www.un.org/depts/german/menschenrechte/aemr.pdf   **120** Gisela Albrecht, a.a.O., S. 19   **121** Lydia Schuster: A Burning Hunger. One Family's Struggle Against Apartheid. Vintage Digital Kindle edition: 2011, Position 1313

Letzter Abruf aller Websites 9. Februar 2020

BENJAMIN KNÖDLER, 1991 geboren, studierte Philosophie und Sozialwissenschaften an der Humboldt-Universität zu Berlin. Er ist Journalist und arbeitet als Online-Redakteur bei der Wochenzeitung »der Freitag«.

CHRISTINE KNÖDLER, 1967 geboren, arbeitet als freie Journalistin, Kritikerin, Herausgeberin und Moderatorin. Sie schreibt und ediert für Verlage, Zeitungen, Zeitschriften und für den Deutschlandfunk. Im Hanser Kinderbuch hat sie mit Reinhard Michl »Schnurren und Kratzen – Geschichten von Katzen« (2013) herausgegeben.

FELICITAS HORSTSCHÄFER, 1983 geboren, arbeitet seit ihrem Diplom an der Fachhochschule Münster (2009) als freischaffende Designerin im Bereich Cover, Illustration und Buchkonzept in Berlin. Neben Buchverlagen, Printmedien und Wirtschaftskunden zählen Papeterie-Hersteller*innen im In- und Ausland zu ihren Kunden.